KB113782

그는 당신의 마지막 남자가 아니다

Straight Talk, No Chaser

'진짜 내 남자'를 찾는 관계의 기술

그는
당신의
마지막
남자가
아니다

스티브 하비 지음
송선인 옮김

BOOK
AGIT

목차

PART 1. 남자 이해하기 남자, 그들은 누구인가?

PART 2. 남자 만나기 아무한테나 반하지 마라

PART 3. 남자 지키기 그를 내 남자로 만들고 싶다면

그녀의 하이힐이 시멘트 위를 또각또각 걸어오는 소리가 점점 더 빠르고, 점점 더 크게 들려온다. 그녀는 원형 주차장의 3층으로 올라가고 있었다. 그녀는 차선도 무시한 채 흥분한 표정으로 길 한가운데를 가로질러 나에게 달려왔다.

"스티브 하비, 스티브 하비! 내가 반지를 받았어요!"

그녀는 가쁜 숨을 들이마시며 내 눈앞에 반지 낀 왼손을 흔들어 보였다. 그러고 나서 침을 꿀꺽 삼키고 숨을 크게 한 번 들이마시고는 말을 이어나갔다.

"당신이 말했잖아요. 결혼을 관계의 필수조건으로 이야기하라고! 그에게 우리 관계를 지속하고 싶다면 내게 반지를 줘야 할 거라고 말했어요. 스티브, 당신이 말한 대로 했더니 반지를 받았어요. 반지를 받았다고요!"

나는 거의 매일 이러한 이야기를 듣는다. 내 첫 책(《내 남자 사용법Act Like a Lady, Think Like a Man》)을 진작 읽었더라면 아무짝에도 쓸모없는 남자를 만나며 시간을 낭비하지 않았을 거라는 내용의 편지를 보내는 여성들도 있고, 남자에 대해 잘 알았더라면 어떤 남자가 절대 놓치지 말아야 할 남자인지 더 빨리 알아차렸을 거라는 이야기를 이메일로 보내는 여성들도 있다.

솔직히 첫 책인 《내 남자 사용법》이 전 세계적으로 200만 권 넘게 팔리고 30개국이 넘는 나라에서 수많은 언어로 번역될 정도로 큰 호응을 얻을 줄은 상상도 하지 못했다.

첫 번째 책을 쓸 때는 단지 내가 진행하는 라디오 프로그램에 질문을 보내는 애청자와 남녀관계에 대한 내 생각을 듣고 싶어 하는 사람들에게 남자들이 사랑과 섹스, 연애, 결혼에 대해 어떤 생각을 갖고 있는지 알려주고 싶었을 뿐이다. 내 생각이나 지침에 고개를 끄덕이며 동의하는 사람들과 더 많은 것을 공유하고 싶었다. 또 여자들이 남자와 관계를 맺을 때 스스로 가지고 있는 통념과 고정관념을 극복할 수 있도록 돕고 싶었다. 즉 '데이트 게임'을 하는 동안 관계에서 사랑을 쟁취하기 위해 필요한 게 무엇인지 알려주고 싶었다. 내 의도는 순수했다. 나 역시 누군가의 남편이자 아들이고,

또 라디오 쇼를 통해 수백만 명의 여성들에게 이야기를 전하는 진행자이며, 무엇보다 딸아이에게 너를 사랑해주고 존중해주는 좋은 남자를 만날 자격이 있다는 걸 알려주려고 노력하는 아빠이기 때문이다.

하지만 나는《내 남자 사용법》으로는 충분하지 않다는 걸 깨달았다. 책에서 무엇이 남자를 움직이게 하는지 완벽하게 설명했다고 생각했지만, 여전히 많은 여자들이 남자들이 왜 그런 행동을 하는지 의문을 품고 그로 인해 상처를 받기도 했다. 대부분의 남자들을 움직이게 하는 건 내가 무엇을 하는지, 얼마나 버는지, 내가 누구인지이다. 하지만 아무리 말해도 여자들은 왜 남자들이 사랑에 빠지는 것보다 안정을 더욱 중요하게 생각하는지 알고 싶어 했다. 또 남자들은 자신의 반쪽을 부양하고 공언하고 보호하는 방식으로 사랑을 표현한다고 말하면, 왜 마음이 시키는 대로 사랑할 수 없는지 궁금해했다.

숱한 궁금증에 답하기 위해 이 책의 마지막에 다양한 주제를 다룬 질문들을 수록했으니 참고하길 바란다. 이 외에도 일하는 여자에 대한 남자들의 생각부터 연애와 결혼에 대한 솔직한 생각까지 대부분의 여자들이 궁금해하는 이야기를 다루고 있으니 유용할 것이다.

물론 반대 의견을 가진 사람도 있었다. 어떤 이들은 남자와 섹스하는 것을 최소 90일은 보류하고, 그 사이 남자의 의도를 충분히 살피라는 내 조언에 의문을 제기했다. 또 누군가는 내가 조언한 대로 만나는 남자에게 진지한 관계를 원한다고 말하면 대부분의 남자들은 부담스러워서 도망가버릴 거라고 주장하기도 했다. 두 번이나 이혼한 코미디언인 내가 성공적인 관계를 맺기 위한 방법을 알려줄 자격이 있느냐고 물어온 사람도 있었다.

숱한 의문을 품으며 내게 답변을 요구하는 많은 여자들과 대화를 나눌 때마다 신이 창조한 가장 호기심 많은 창조물이 여자라는 사실을 새삼 깨닫는다. 내가 아내와 딸아이, 여자 친구와 동료, 특히 내 책의 독자들에게 아무리 남자와 관계를 맺을 때는 다르게 생각하고 행동해야 한다고 말해도 그들은 여전히 망설인다. 지금껏 당신이 남자와의 관계에서 갈등을 겪을 때마다 어떻게 행동해야 할지, 무슨 말을 해야 할지를 조언해준 사람은 주로 다른 여성, 즉 엄마, 이모, 고모, 여자 친구, 혹은 여성 잡지의 (대부분이 여성인) 편집자들이었기 때문이다. 남자들은 관계를 잘 맺으려면 어떻게 해야 할지 조언을 구하는 것은 고사하고, 데이트나 결혼에 대한 생각을 진지하게 나누는 일조차 극히 드물다. 남자와의 관계에서 생긴 어려움을 남자들과 제대로 이야기를 나눠본 경험이 없는 까닭에 많은 여자들은 내가 제안한 전략적 조언을 받아들이기를 주저한다. 지금껏 자신이 들어온 이야기와 매우 다르기 때문이다.

나는 이 책을 통해 남자들이 왜 그렇게 생각하고 행동하는지 상세하게 설명할 것이다. 여자들이 꿈꾸는 남자를 찾거나, 혹은 지금 만나고 있는 사람과의 관계를 단단히 굳힐 수 있는 관계의 기술에 대해 좀 더 폭넓게 이야기할 것이다. 남자들이 왜 당신이 원하는 걸 결코 하고 싶어 하지 않는지, 어떻게 하면 그와 현명하게 사랑을 지속할 수 있는지, 그리고 20대, 30대, 40대 이후 남자들이 각각 어떤 생각을 가지고 연애를 하는지, 또 어떤 방식으로 관계를 맺는지 등 남자에 대한 모든 것을 살펴볼 것이다. 이 밖에도 남자들이 강하고 독립적인 여자들을 겁낸다는 통념이 정말 맞는지, 남자로부터 진실된 답을 들으려면 어떻게 질문해야 하는지, 그리고 남자가 당신에게 헌신하게 하는 검증된 방법은 무엇인지에 대해서도 다루려고 한다.

내 소망은 당신이 이 책을 읽고 남자를 더욱 이해하고, 나아가 남자가 얼마나 단순한지 확실히 알게 되는 것이다. 남자는 거의 모든 상황을 같은 각도로 바라보고, 같은 원칙을 사용한다. 그러므로 관계 방정식에 당신의 사고방식을 적용하거나 데이트 시 남자가 당신의 논리를 따르기를 기대하는 것은 아무짝에도 소용없는 일이다. 그렇게 해도 결국, 당신은 남자를 바꿀 수 없다. 수많은 여성이 내게 묻는다.

"스티브, 당신은 언제쯤 남자들이 여자와의 행복한 관계를 위해 무엇을 해야 하는지 알려주는 책을 쓸 건가요?"

　단언컨대 나는 남자들을 위한 연애 책을 쓸 일은 없을 것이다. 그들은 대부분 책을 읽지 않을 테니까. 설령 내 책을 길에서 무료로 준다 해도 연애나 여자와 관계 맺는 법을 다룬 책을 펼쳐 볼 남자의 수는 손에 꼽을 거라는 데 내 전 재산을 걸 수 있다.

　첫째, 남자는 다른 남자가 내 여자와 무엇을 해야 할지 조언하는 것을 허락하지 않을 것이다. 둘째, 특히 남자가 여자와 관계를 맺을 때의 심리를 파헤친 이 책이 출간된 이후라면, 더더욱 내가 남자가 무엇을 해야 할지 알려주는 것을 듣고 싶어 하지 않을 것이다.

　당신이 이 책을 펼쳐 들었다면, 관계에 대해 널리 퍼져 있는 통념에 맞설 용기를 찾고, 실제 이 책 속의 조언을 그와의 관계에 적용해보기를 권한다. 물론 어떤 일이 일어날지 모르는 경험에 뛰어드는 게 얼마나 힘든지 안다. 심지어 두렵기까지 할 것이다. 실패의 가장 큰 원인은 바로 실패에 대한 두려움이니까. 하지만 당신이 진심으로 관계의 운을 바꾸고 싶다면, 지금이야말로 변화를 시도해볼 때다. 매번 관계에 상처받고, 관계로 인해 힘들었다면, 한 발짝만 앞으로 나와 위험을 감수해보라. 당신에게 안전장치 없이 암벽 등반을 하라고 말하는 게 아니다. 낙하산 없이 스카이다이빙을 하라는 것도 아니며, 몸이 묶인 채 물이 가득 담긴 탱크에서 탈출하라는 것은 더더욱 아니다. 단지 이 책을 통해 알게 될 남자에 대한 모든 진실을 토대로 다른 방식으로 관계를 맺어보라고 요청하는 것이다.

그와의 사랑을 현명하게 유지하고 풍성하게 가꾸는 열쇠는 바로 당신이 쥐고 있다. 접근하는 방식을 바꾸고, 당신이 마땅히 누리고 받아야 할 사랑을 얻기 위해 노력하되 용기를 잃지 마라. 그러면 당신은 거의 아무것도 잃지 않은 채 더 많은 것을 얻을 것이다.

스티브 하비

PART 1.
남자
이해하기

남자,
그들은
누구인가?

남자를 만드는
세 가지

　　내 나이 스물네 살에는 결혼에 대해 아무것도 알지 못했다. 그때까지 나는 결혼이 어머니가 돌아가시기 전까지 두 분이 64년을 함께 살아온 것과 같은 것이라고 철석같이 믿었다. 나 또한 당연히 그들과 완벽하게 같은 길을 가려고 했다. 사랑과 인내, 지혜로 가득한 가정에서 안정적인 관계를 이루는 것, 내가 결혼에 대해 아는 거라곤 이게 다였다. 그렇기에 사랑하는 여자에게 반지를 건네면서 "영원히 사랑해"라고 말하는 것은 매우 당연한 일이었다.

그때는 몰랐다. 여기서 모든 문제가 시작되리라는 걸.

결혼식이 며칠 남지 않았을 때에도 나는 예비신부를 먹여 살릴 안정적인 수입이 없었다. 마음속 깊은 곳에서 이건 옳지 않다고 느꼈다. 불안했던 나는 그녀에게 결혼식을 취소해야겠다고 말했고, 어머니에게도 몇 차례에 걸쳐 내 생각을 전했다. 하지만 꿈꿔온 결혼을 취소하는 것이 예비신부에게 얼마나 절망적일지 알았던 어머니는 내게 예정대로 결혼식을 치르자고 말했다. 청첩장도 이미 보냈고, 주변 사람들 모두 결혼식을 기대하고 있었다. 준비되지 않은 결혼이라는 걸 알았지만, 그렇다고 해서 진행 중인 모든 일을 뒤엎을 정도의 용기도 없었다.

나는 누구인가, 무엇을 하는가, 얼마를 버는가

･･･ 몇 년이 지나고 어머니는 당시 네가 그 정도로 좋은 남편이 될 준비가 안 되어 있다는 걸 알았다면 결혼을 밀어붙이지 않았을 거라고 고백하셨다. 나는 어떻게 청첩장에 붙인 우표의 풀

이 채 마르기도 전에 내 첫 번째 결혼이 불행한 결말을 맺을 것을 알고 있었을까? 나는 내 자신이 누구인지, 앞으로 무슨 일을 할지, 그리고 얼마나 많은 돈을 벌지에 대해 하나도 모르고 있었다. 남자는 자신의 타이틀(누구인지), 그 타이틀을 어떻게 이루었는지(직업은 무엇인지), 그리고 그 노력을 통해 무엇을 얻는지(얼마나 버는지)에 따라 움직인다. 남자는 이 세 가지 요소를 갖춘 후에야 남자로서의 운명을 진정으로 이행했다고 여기며, 이 중 한 가지라도 부족하면 그것을 찾아 헤매느라 너무 바빠서 당신에게 집중하지 못한다. 그들은 그것 없이는 정착을 하지도, 아이를 갖지도, 다른 누군가와 인생 설계를 하지도 않는다.

첫 번째 결혼을 할 때는 아무리 떠올리려고 애써도 이 세 가지 요소가 전혀 없었다. 나는 다니던 대학을 그만두고 포드 자동차 회사에서 일했다. 이후 얼마 안 가 해고되었는데, 결혼한 이후에도 한동안 일자리를 얻지 못했다. 포드 자동차 회사에서 일할 때도 돈은 벌 수 있었지만 그것은 내가 원하는 삶도, 내 천직도 아니었다. 나는 좌절했다. 나 자신조차 무엇을 원하는지 모르는데, 당시의 아내인들 내가 누구인지, 어떤 사람인지 어떻게 알 수 있었을까? 내가 아무 일도 하지 않고 돈 한 푼 제대로 벌지 못하는데 아내가 결혼생활에서 무엇을 얻을 수 있었을까? 내

일상은 좌절로 점철됐고, 재정 상태도 엉망이었기 때문에 아내와는 싸움이 끊이지 않았다.

물론 준비되지 않은 결혼이었지만, 나에게도 좋은 점이 있었다. 나는 친절했고, 사람을 잘 믿었으며, 매우 좋은 보호자였다. 만나는 모든 사람에게 그녀가 내 여자이고, 나는 그녀의 남자라고 선언하는 데 거리낌이 없었다. 게다가 두 딸과 아들도 태어났다. 하지만 나는 아빠가 되기에는 부족한 게 많았고, 부모가 됨으로 인해 우리는 더 많은 희생을 해야만 했다.

결혼 전에 아버지가 나를 무릎에 앉히고 누군가의 남편이 된다는 것이 무엇인지, 아빠가 되면 삶이 어떻게 달라지는지 가르쳐줬더라면 얼마나 좋았을까. 학교에서 하듯 말썽을 부리거나 다른 여자들과 노닥거리는 어리석은 행동을 그만둘 때가 되었다고 말해주었다면 좋았을 것이다. 바보 같은 짓을 그만두지 않는다면 가정에 집중하기 힘들고 엔터테이너가 되고 싶은 내 꿈도 미뤄질 거라고 이야기해주었다면 좋았을 것이다. 안타깝게도 아버지는 한 소년이 남자가 된다는 것이 어떤 것인지 이야기해주지 않으셨다.

'스티브 잘 들어라. 너는 앞으로 수년간 몇 명의 여자들을 만나며 데이트를 하게 될 거야. 잊지 마라. 무엇보다 중요한 건

네 자신이 누구인지, 무엇을 하고 싶은지, 그리고 어떻게 돈을 벌고 싶은지 생각하고 결정하는 거야. 네가 이것들을 해내는 과정을 같이할 수 있는 반쪽을 찾아라.'

아버지가 내게 이렇게 말해주었다면 정말 큰 도움이 되었을 것이다. 하지만 이것은 남자의 방식이 아니다.

남자들은 소통을 하지도, 정보를 공유하지도 않는다. 이십 대 중후반쯤에는 앞으로 살아가면서 무엇을 하고 싶은지 알아야 하고, 서른 살 정도가 되면 목표를 이루기 위해 헌신하고 또 그 과정을 함께할 수 있는 인생의 동반자를 만나 정착해야 한다고 알려주는 매뉴얼은 없다. 대신 "너는 아직 젊으니까 충분히 즐겨. 즐겁게 지내. 얽매이지 마라. 사귀는 여자들과 진지한 관계를 맺지 마라"와 같은 이야기만 끊임없이 들었다. 경제적으로 독립하고 정착할 준비가 되었다는 확신이 들 때까지 남자들은 올바르게 행동하는 것보다 인생을 즐기는 데 집중하고, 그 과정에서 여러 여자를 만나고 헤어지기를 반복한다. 의도치 않게 상처와 고통을 주면서 이성과 관계를 맺는 데 쓰디쓴 실패를 경험하기도 한다. 하지만 이러한 실패조차도 진짜 남자라면 당연히 겪어야 하는 통과의례와 같은 거라며 격려를 받는다.

반면 남자가 결혼할 때 격려를 받는 경우는 매우 드물다.

심지어 결혼한 남자는 결혼생활이 행복하든 그렇지 않든 끊임없이 결혼의 부정적인 면만 강조한다. 그들은 결혼은 곧 "구속"이며, 그간 누려온 자유와는 영원히 작별을 고해야 된다고 말한다. 한마디로 결혼이 사형선고와 같다는 것이다. 실제 남자들끼리 나누는 결혼에 대한 대화에는 사랑과 존경, 성실, 신뢰와 같은 단어는 등장하지 않는다. 허세와 농담이 가득할 뿐이다.

남녀의 의사소통에 관한 책을 출간한 배우 힐 하퍼는 만약 누군가가 남자들이 아내에게, "결혼해서 다행이다. 가족에게 감사한다. 날 지지해주고 내 부족한 점을 보완해주는 누군가가 있어서 내일도 일하러 갈 힘이 난다. 결혼하길 참 잘했다"라고 말한다는 사실을 널리 알린다면 미혼 남성들이 큰 혜택을 볼 거라고 주장했다.

우리 아버지 세대는 아들에게 미래에 어떤 일이 펼쳐질지, 무엇을 준비해야 할지 가르쳐주지 않았지만, 이제는 청년들에게 가르쳐야 한다. 어리석은 행동을 끝내고 누군가를 발견하고 사랑에 빠지고 가족을 만들고 서로 지켜주고 꿈꾸고 성장하며 살아가야 한다는 사실을 말이다. 이런 것들은 여자가 가르쳐줄 수 없다. 이십대 초반의 아들을 둔 엄마는 그들을 앉혀놓고 남자가 되는 데 필요한 자질이 무엇인지 말해주지 않는다. 그녀는 남자가 어떤 상황에서 경쟁심이 작동하는지, 무엇이 남자를 움직이는지, 그리고 남자가 세상 밖으로 나가면 무엇 때문에 갈등하는지 알지 못한다. 아들은 어머니를 죽는 날까지 사랑하고 존경하지만, 그녀는 남자 입장이 될 수 없다. 남자와 여자는 너무나도 다른 점이 많기 때문이다. 어머니는 소변을 보고 어떻게 터는지와 같은 아주 간단한 일부터 남자들끼리 싸움이나 경쟁이 붙으면 무엇을 준비해야 하고, 어떻게 하면 아무도 상처받지 않고 품위를 온전히 지킬 수 있는지와 같은 문제에 어떤 조언을 해야 할지 감을 잡을 수 없을 것이다.

아버지는 진짜 남자가 되기 위해 갖추어야 할 자질이 무엇인지 이야기해주지는 않았지만, 헌신적인 아빠와 남편의 역할이 무엇인지 행동으로 보여주었다. 또 열심히 일하는 것이 가족을 돌보는 데 얼마나 중요한지 몸소 가르쳐주었다. 아버지는 배우자를 존경하고, 태어날 아이들에게 내가 할 수 있는 한 가장 좋은 아빠가 되어주라고 말하곤 하셨다.

물론 나 역시 배우자와의 관계, 부모 자식 간의 관계에 처음부터 능숙했던 건 아니다. 나는 두 번의 결혼에 실패하고 나서야 아빠, 남편이 되려면 어떤 마음가짐으로, 무엇을 해야 하는지 알아차렸다. 매번 암흑 속에서, 실패를 통해 교훈을 얻었다. 그러고 나서 다시는 이런 일이 일어나지 않게 하겠다고 맹세했다. 이 맹세는 나의 결혼생활뿐만 아니라 나를 보고 배울 아들들과 딸들의 미래를 위해서이기도 했다. 즉 사랑하는 상대를 어떻게 대해야 하는지, 그리고 사랑하는 상대에게 마땅히 어떤 대우를 받아야 하는지 보여주기 위해서였다.

한 소년이
남자가 되기까지

··· 가정을 꾸려 남편, 아빠로 살 준비가 된 남자가 가진 전형적인 특성을 하나 말하자면, '하겠다고 말한 것은 지킨다(말한 대로 한다)'이다. 사람들은 자신이 한 말을 지키는 사람에게 존경심을 갖는다. 하지만 안타깝게도 많은 사람들이 아무런 의미 없이 말을 내뱉는다. 특히 남자들은 허풍을 섞어 말하는 경우가 많다. 이를테면 "친구, 걱정하지 마. 내가 있잖아"라든지, "걱정 마, 내가 해결해줄게"라고. 하지만 이런 말들을 행동으로 옮기지 않는다면 그것은 아무 의미 없이 하는 말이다.

여자들은 남자가 왜 약속을 지키지 않았는지 변명을 듣고 싶어 하지 않는다. 특히 그것이 아이들과 관련된 것이라면 더욱 그렇다. 가정을 꾸려 남편, 그리고 아빠가 되기로 약속한 남자는 가족이 필요한 것, 혹은 가족이 원하는 것을 누릴 수 있도록 열심히 일해야 한다. 자신의 여자를 사랑한다고 약속한 남자는 그녀를 배신하거나, 때리거나, 정신적으로 지치게 하지 않는다. 대신 여자가 사랑받고 싶어 하는 방식으로 그녀를 사랑한다. 성실하고, 진중하게. 그들은 '하겠다고 말한 것은 지킨다'는 정말 간단한 신조를 갖고 있다. 이것을 지키지 않으면 주변의 모든 사람은 그를 형편없는 놈이라고 생각할 권리가 있고, 아내는 이렇게 말할 권리가 있다. "당신은 아무런 가치가 없어."

나는 이것을 서른 살에 처음으로 배웠다. 대학에서 쫓겨나고 일자리를 잃고 첫 번째 결혼에 완전히 실패한 직후였다. 나는 한동안 자동차 한 대를 끌고 다니며 코미디언으로 자리를 잡기 위해 이리저리 돌아다니며 공연을 했다. 도시에서 도시로, 마을에서 마을로, 클럽에서 클럽으로 전전하며 혼잣말로 늘 연습했다. 나는 내가 하는 농담을 모두 적어 큰소리로 읽고는 했는데, 그것은 어쩌다 내가 돌아갈 집이 없는 상황까지 왔는지 돌아보는 내용이었다. 한번은 3주 동안 다른 사람들과 짧은 인사 외엔

한 마디도 하지 않고 지낸 적이 있었다. 그때 나는 약속한 곳에서 공연을 한 뒤 무대에서 내려와 매니저로부터 출연료를 받으면 차로 돌아와 다음 공연을 기다리는 일정만 반복했다. 출연료로 75달러를 받았는데, 그 돈을 숙박비로 쓰기도 아까웠고, 통신비로 낭비할 수도 없었다. 그렇게 받은 현금은 차에 보관하고 다음 공연을 기다리곤 했다.

수일간 그 누구와도 대화를 나누지 않고 버티는 건 장담하건대 누구라도 쉽지 않을 것이다. 당시 나는 공연 이외에는 혼자만의 시간을 보내며 스스로에게 여러 질문을 던지고 그 질문에 대한 답을 찾기 시작했다. 그러는 동안 내 자신에 대해 많은 사실을 깨달았다. 나는 아내가 필요로 하는 남편이 아니었고, 아내와 아이들에게 필요한 부양자도 아니었으며, 심지어 내 자신을 위한 부양자조차 아니었다. 간단히 말해서 그때 나는 하겠다고 말한 일을 하지 않았다. 말한 것을 행동으로 옮기지 않았던 나는 진정한 남자가 될 수 없었다.

남자는 자신이 사랑하는 사람들을 위해 더 나은 사람이 되고 싶다는 바람을 가질 때 비로소 완벽에 가까워진다. 나의 경우만 보아도, 지금의 아내를 만난 이후 사업가로, 남편으로, 아버지로, 그리고 남자로 내가 이루어온 일들은 믿기 힘들 정도로 많다. 아내 마저리와 함께 인생의 여정을 시작한 이후 나는 평생 받아보지 못한 칭찬을 받고, 인생 최고의 기량을 발휘했다. 지금 껏 얻고 누린 것들은 더 잘해야겠다는 내 결심과 노력의 결과이 기도 하지만, 내가 잘할 거라고 믿는 누군가의 응원과 지지에서 시작되기도 한다. 나를 수년간 지켜봐온 지인들은 내가 진정한 남자가 된 이후, 그리고 마저리와 결혼한 이후 얼마나 많은 것이 달라졌는지 잘 알고 있다.

두 번의 결혼에 실패한 후에야 소년에서 진정한 남자로 성 장할 수 있었던 나는 아들들과 가능한 한 많은 이야기를 나누려 고 노력한다. 아들들에게 네가 준비가 되어 있을 때 누군가를 만 나 가정을 꾸리면 너는 더 나은 사람이 되려고 노력하게 될 거라 고 말해준다. 그러면 네 능력도 극대화될 거라고. 결혼은 남자에 게 "구속"이나 "사형선고"가 아니라 "남자의 완성"이라고.

남자는
나이에 따라

연애 방식도
다르다

최근에 딸 로리와 단둘이 점심을 먹었다. 솔직히 꽤 걱정했다. 아내 없이 둘만 만나 딸과 깊은 대화를 나눈 건 처음이었다. 아들들과 점심을 먹을 때는 이렇게 긴장하지 않는다. 그저 만나서 "먹고 싶은 걸 골라봐"라고 말하면 그들이 주문하고 음식이 나오면 같이 먹는 식이다. 하지만 식당에서 로리와 단둘이 앉아 있으니 열세 살 여자아이는 무엇을 좋아하는지, 주로 무슨 생각을 하는지 짐작조차 되지 않았다. 처음으로 단둘이 딸과 점심을 먹은 그날 나는 큰 깨달음을 얻었다.

로리는 식당에 자리를 잡고 앉자마자 나에게 물었다.

"아빠, 근데 난 언제부터 데이트를 할 수 있어요?"

머릿속으로는 이렇게 소리쳤다.

'대체 어떤 주제도 모르는 남자애가 널 불러내는 거야? 넌 이제 겨우 열세 살 애기라고! 그 자식을 흠씬 두들겨 패야겠어!'

하지만 꾹 참고 열까지 천천히 세면서 마음을 가라앉히고는 눈을 깜박이며 말했다.

"넌 몇 살부터 데이트를 해도 된다고 생각하니?"

"음, 열네 살 정도면 되지 않을까요?" 로리가 대답했다.

나는 마른침을 한 번 꿀꺽 삼켰다.

"미안하구나, 우리 공주님. 하지만 열네 살에 널 데리러 집 앞으로 올 친구는 아무도 없어. 아직 너무 어린 나이지."

"흠, 친구 캣은 벌써 오빠들과 데이트를 하던데요." 그녀는 무미건조하게 말했다.

물론 마음속으로는 칼을 날카롭게 갈고 총을 장전하여 실내복과 슬리퍼 차림으로 현관 계단에 서서 소리치는 내 모습을 떠올렸다. 하지만 겉으로는 평온한 척하며 아무렇지 않은 듯 침착하고 신중하게 물었다.

"네가 말하는 '오빠들'이란 어떤 아이들을 말하는 거니?"

"친구는 열다섯 살이나 열여섯 살 정도의 오빠들이 좋다고 하더라고요."

딸아이가 대답했다.

나는 초조한 나머지 마른침을 몇 번이나 더 꿀꺽 삼키다 냉수 한 모금을 들이켜고는 대답했다.

"그때 가서 다시 생각하자."

점심 식사가 끝나고 한 가지는 확실해졌다. 로리는 더 이상 어린애가 아니며, 조만간 소년에게 호감을 느끼는 게 자연스러운 것임을 알려주고, 나아가 데이트를 해도 되는 시기가 언제인지 말해주어야 한다는 것. 로리는 남자와의 데이트, 혹은 결혼까지도 종종 생각해보았을 것이다. 평범한 다른 소녀들이 그렇듯 미래의 남편은 어떤 사람일지, 결혼식은 어떻게 할지, 또 어디서 할지, 어떤 웨딩드레스를 입을지도 생각해봤을 것이다. 어쩌면 아이들은 몇이나 낳고 싶은지, 아이들 이름은 뭐라고 지을지 생각해봤을지도 모른다.

많은 소녀들이 아름다운 결혼식, 이상형에 가까운 남편, 아이들, 그리고 행복한 결혼생활이 지속되는 꿈을 꾼다. 그들이 봐온 디즈니 영화부터 10대를 대상으로 하는 TV쇼, 잡지 등의 각종 문화 지표는 멋진 인생을 살려면 남편을 만나는 것이 우선순위라고 끊임없이 주입시킨다. 그렇게 꿈을 품은 채 성장하여 성인이 되면, 정착할 남자를 찾아 아이를 갖는 것이 삶의 우선순위가 되기도 한다.

확신하건대 소년은 결혼, 결혼식에 대한 환상을 품지 않는다, 절대. 가만히 앉아서 미래의 결혼식 날을 꿈꾸는 남자는 없다. 그들은 특정한 여자와 무엇을 하고 싶은지 꿈꾼다. 이것만은 분명히 말할 수 있다. 소년이든 남자든 결혼에 대한 환상도 없고 아이를 갖는 것을 걱정하지도 않는다. 남자가 관계를 바라보는 방식은 여자가 보는 방식과 전혀 다르다. 이렇게 전혀 다른 두 사람이 만나 한 곳을 바라보려면 당연히 시간이 필요하다.

지금부터 20대, 30대, 40대 남자들이 관계에 대해 어떤 생각을 갖고 있는지를 이야기하고자 한다. 다음에 소개하는 내용은 남자가 어떤 조건이 갖춰져야 비로소 결혼을 결심하는지 이해하는 데 도움을 줄 것이다.

20대 남자에게 결혼은
아직 먼 나라 이야기다

··· 　남자는 20대에 내가 누구인지, 어떤 직업이 맞을지, 돈을 얼마나 벌 수 있는지 발견하고 알아내기 시작한다. 20대 남자는 대학에 진학할지, 사업에 뛰어들지, 혹은 대학에 진학한 뒤에는 석사나 박사 과정을 밟을 것인지 등을 결정한다. 그들은 이후 남편, 아버지, 주택 소유주로서 엄청난 책임을 지기 시작하면서 스스로에 대해 돌아보게 된다. 자신만을 위한 행복이 아닌 사랑하는 사람들을 책임지는 남자가 되어가는 것이다. 만약 남자가 여전히 자신이 무슨 일을 하며 어떻게 돈을 벌어야 할지 탐색 중이고, 노력하는 과정에 있다면 누구라도 그가 가정을 꾸릴 준비가 되었다고 기대하지 않을 것이다.

　　남자가 20대 중후반이 되어 취직에 성공하면, 직장에서 가정을 꾸려 집을 사고 아이를 낳아 안정적으로 살고 있는 다른 직장 동료들을 보게 된다. 그러면 남자는 자신도 출세하여 안정적으로 살고 싶은 욕구가 솟구친다. 남자는 자신이 믿을만한 남자라는 것을 증명하기 위해 자신이 누구이고, 무엇을 하며, 얼마를 버는지 스스로 규정하기 시작한다. 대학에 다닐 때만 해도 자신을 비롯해 주변의 모든 친구들이 돈이 없기는 매한가지여서 직업이나 연봉 수준을 중요하게 생각해본 적이 없다. 대학에서 자신의 존재를 드러내려면 사회단체의 일원이 되거나, 남학생 사교 클럽에 가입하거나, 캠퍼스 생활의 핵심 일원이 되는 방법을 택하면 되었다.

그러다 20대 후반이 되면 비싼 차를 몰고 모임에 오거나, 비싼 정장을 입고 자신의 이름이 새겨진 명함을 꺼내는 친구들의 모습을 보기 시작한다. 바뀐 환경에 놓인 남자들은 점점 비싼 차와 타이틀, 돈과 같은 것들을 원하게 된다. 이 변화는 그에게 대단히 중요하다. 하지만 당장 결혼을 하려고 돈과 타이틀을 원하는 것은 아니다. 20대의 남자는 좋은 직장을 구하고 돈을 벌어야 할 필요성을 느끼지만, 이 모든 것이 결혼을 하기 위해서는 아니다.

오히려 그는 정체성을 찾는 여정에서 자신이 한 여자와 헌신적인 관계를 유지할 정도의 책임감이 없다는 사실을 발견할 수도 있다. 아니면 그의 아버지나 형제, 동료나 친구로부터 아직은 즐길 나이이니 가능한 한 많은 여자를 만나보고 결혼은 천천히 하라는 조언을 들었을지도 모른다.

앞에서 말했듯 대부분의 남자들은 자신의 아들에게 미래

에 어떤 일이 벌어질지, 무엇을 생각하고, 무엇을 준비해야 할지 이야기해주지 않는다. 여러 여자를 만나 즐기는 대신 한 여자와 지속적인 관계를 맺어야 성장할 수 있다는 조언도 해주지 않는다. 당신이 이제 막 직장을 잡은 남자와 핑크빛 미래를 그리고 있을 때, 그는 오로지 자신의 경제력을 키우는 데에 집중한다. 무엇보다 당신이 꼭 새겨들어야 할 점은, 20대 남자들의 시계에 부착된 알람은 그가 아빠가 될 시기라고 알려주지 않는다는 것이다.

20대 남자와 관계 맺는 법

••• 물론 직업을 갖고 돈도 적당히 벌며 자신의 사회적 위치에 만족하는 남자도 있지만, 이 시기에 이성과 진지한 관계를 맺을 가능성은 높지 않다. 비록 그렇더라도 당신은 그에게 잠재력이 있는지 없는지는 알아낼 수 있다. 여기서 말하는 잠재력은 행동으로 옮길 수 있는 능력이 있다는 것이다. 잠재력이 있는 남자

는 하루를 무의미하게 보내지 않는다. 그는 삶에서 원하는 것을 얻기 위해 견고한 계획을 짜고, 그가 원하는 것을 성취하기 위해 노력한다. 그는 학업을 이어나가거나 사업을 하기 위해 필요한 돈을 충분히 버는 것을 포함한 단기 계획과 그가 가진 목표를 달성하는 데 도움을 줄 구체적인 장기 계획을 갖고 있다. 만약 그가 계획도 없고, 미래에 대해 분명히 말할 수도 없으며, 어떠한 목표도 없다면, 잘 생각해봐야 한다. 진정 그와 미래를 함께하고 싶은지.

이 외에도 그가 어떤 남자인지, 이를테면 존경할만한지 예의가 바른지 당신이 바라는 대로 당신을 대해줄지 그리고 법을 준수하는지 등을 알아봐야 한다. 이러한 모든 것들은 그가 정착할 준비가 되었을 때 어떤 남편이 될지를 알아보는 지표들이다. 만약 그가 당신과 데이트하는 동안에도 한 여자에게만 헌신하고 정착하는 것을 힘들어하는 남자라면, 결혼을 한다고 해서 달라질 게 있을까? 데이트를 하면서도 여자 문제로 당신을 힘들게 했다면, 결혼 후에도 마찬가지다. 그대로 유지된다. 결혼 후 달라진 거라고는 당신 손가락에 끼게 될 결혼반지 하나뿐이다. 그러므로 그가 결혼 이후에도 정신적, 감정적으로 만족을 줄 수 있는 사람인지를 판단하는 것은 철저히 당신에게 달려 있다.

당신이 지금 서른을 앞둔 20대 후반의 나이이고 만나는 사람이 있고 그에게서 잠재력을 발견했다면, 그를 옆에 앉히고 무엇을 원하는지 설명해야 한다. 지금까지는 데이트를 하고, 함께 파티에 가고, 캠퍼스 내에서 손을 잡고 다니는 것만으로도 충분했지만, 당신이 가정과 아이를 원한다면 그가 가정에 헌신할 준비가 되어 있는지 아닌지를 판단해야 한다. 그래야 당신과 미래를 함께할 남자에게 에너지를 쏟을 수 있다.

그렇다고 겁먹을 필요는 없다. 이렇게 말하면 된다.

"자기야, 난 지금 스물여덟 살이고, 서른두 살쯤 되면 아이를 갖고 싶어. 마흔을 앞두고 아이를 갖거나 가지려고 애쓰고 싶지 않아. 그래서 난 지금 내게 딱 맞는 남자를 찾는 데 집중하고 싶어."

그리고 아이가 그와 함께 축구나 배드민턴 같은 운동을 함께하기에 충분한 나이가 될 때 그가 몇 살이기를 원하는지 물어봐라. 장담하건대, 그가 당신이 묻기 전에도 비슷한 생각을 했다면 놀랄만한 일이다. 젊은 남자는 보통 이런 것을 생각하면서 세월을 보내지 않기 때문이다. 반면 여자들은 만나는 남자가 있다면 그와의 미래를 생각해보는 경우가 많다.

지금 만나는 남자가 배우자로 충분히 잠재력이 있는 사람이라면 남자에게 속도를 올릴 필요가 있다고 알리는 것이 좋다. 당신을 진심으로 원하는 남자는 당신을 위해 속도를 올릴 것이다. 즉 속도를 내어 당신과 발을 맞추어 걸을 것이다. 당신이 그를 바꿀 수는 없지만 그의 능력을 최대치로 끌어낼 수는 있다. 자신의 노력이 당신을 행복하게 한다는 사실을 알면 그는 당신이 원하는 사람이 될 것이다.

30대 어떤 남자가
가정에 헌신할까

··· 30대 남자는 경력을 쌓고, 목표한 만큼의 돈을 벌기 시작하며, 그의 인생 계획 중 일부를 달성한다. 그가 원하는 것들을 하나하나 성취하면 30대 남자는 가정을 꾸려 정착하고 싶어 한다. 이 시기의 남자들은 자신이 생각하는 이상적인 아버지가 되는 모습을 그리며 가정에 헌신할 준비를 해나간다. 그는 자신을 닮은 아이를 낳아 자신이 알고 있는 것들을 가르쳐주고, 주말이면 아이들과 함께 운동을 하며 즐거워하는 상상을 한다. 그래서

결혼이 늦어질수록 그가 이상적으로 생각하는 아버지가 될 가능성도 낮아진다는 사실을 깨닫기 시작한다.

30대 남자라면 한번쯤 '내 아이가 열다섯 살이면 내가 몇 살이지?'라는 생각을 해볼 것이다. 40대를 훌쩍 넘기면 아이와 대등하게 운동할 기회도 줄어든다. 내 아이에게 늙고 허약한 아빠로 기억되고 싶은 남자는 없다. 이러한 현실을 잘 이해하고 있는 남자는 자신이 원하는 가정을 꾸릴 기회가 얼마 남지 않았다는 사실을 인정하기 시작한다. 결과적으로 남자는 이때부터 아이를 갖는 것을 진지하게 생각한다.

20대 시절 친구들과 어울리고 좇던 것들은 30대가 되면 이미 다 아는 것처럼 느껴진다. 남자는 이미 수도 없이 비슷한 경험을 했다고 느낀다. 헌팅의 스릴도 더 이상 흥미롭지 않다. 게임이 시시해지는 것이다. 그렇다고 해서 남자가 아름다운 여자에게 감탄하지 않거나 매력적인 여자에게 흥분하지 않는 것은 아니다. 하지만 수많은 관계를 겪은 후 관계의 패턴을 파악하면, 여자와 함께 있는 것이 항상 뜨겁고 기막히게 좋지만은 않다는 사실을 깨닫게 된다.

30대 남자가 자신을 지지하고 충실하며 그의 삶에 재미를 더해줄 수 있는 여자를 만나면, 그녀와 꾸릴 가정에 헌신할 마음의 준비를 할 것이다. 바꿔 말하면 그는 영원히 놀 수 없으며, 어느 순간이 되면 더 이상 클럽에 들락거리지 않아야 한다는 사실을 인정한다.

물론 이는 남자가 스스로 성공했다고 느끼는 나이에 따라 달라진다. 만약 20대 후반에 성공하면 30대 초반부터 가정에 헌신할 결심을 할 가능성이 높다. 그는 대부분의 시간을 일에 투자하고 인맥을 다지며 만들어온 경제적 여유에 충분히 만족할 것이다. 자신의 삶에 만족하는 남자들은 슬슬 가정을 꾸려 헌신할 계획을 세우기 시작한다. 하지만 자신의 사회적 위치나 경제력에 만족하지 못하는 남자라면, 정착하려는 계획을 미룰 것이다. 그는 주변 사람들이 가진 것을 예민하게 살피고, 자신보다 많은 돈을 버는 친구와 자기 자신을 비교하고 판단할 것이다.

30대 남자는 자신의 성공을 위해 온 신경을 집중하고 있다. 남자는 여자의 사회적 지위나 성공에는 큰 관심을 보이지 않는다. 그는 당신이 가진 학위에도 큰 관심이 없다. 또 그것 때문에 감명을 받지도 않는다. 당신이 학위와 연봉, 경력 등을 그에게 알려주면 그는 당신이 자신과 경쟁하려고 하거나, 당신의 인생에 그가 필요 없다는 메시지를 보내고 있다고 생각한다. 지적이고 사회적으로 성공한 여자에게 매력을 느끼지 않는 것이 아니다. 단지 남자는 자신과 경쟁할 여자를 찾는 데 관심이 없을 뿐이다.

30대 남자와
관계 맺는 법

··· 당신이 30대 남자와 관계를 맺기 전 알아야 할 가장 중요한 점은 그로부터 어떠한 형태로든 책임과 헌신을 기대해야 한다는 것이다. 만약 남자와 동거하지는 않지만 사귀고 있거나, 아파트에서 함께 살고 있다면 그와의 관계가 진지하고 장기적이기를 기대하는 것이 당연하다.

그의 헌신 수준을 알고 싶다면 가족에 관해 질문하라. 이 질문은 남자의 진솔한 생각을 들을 수 있는 좋은 방법 중 하나이다. 다음과 같은 질문으로 대화를 시작해도 좋다. "어떤 가정을 꾸리고 싶어요?" "아이는 몇 명을 바라나요? 하나, 아니면 둘? 셋?" 혹은 그의 가족과 관련된 질문을 할 수도 있다. "아버지와 잘 지내요? 어머니는 어떤 분인가요? 부모님이 당신에게 해준

교육 중 당신의 아이에게도 해주고 싶은 것이 있나요?"

이러한 질문에 대한 그의 답변은 이 남자가 사랑과 결혼, 가족에 관해 어떻게 생각하는지 알아내는 데 유용하다. (2장 '남자 만나기 - 아무한테나 반하지 마라'에서 이에 대해 자세히 다룰 계획이다.) 그에게 아버지와의 관계를 물으면 그가 아버지가 되고 싶은지에 대한 생각을 들을 수 있을 뿐 아니라 나중에 어떤 아버지가 되고 싶은지, 그리고 그가 인생의 반려자, 아이의 엄마로 어떤 여자를 찾고 있는지도 알 수 있다. 또 그가 당신 아이의 아빠가 될만한 사람인지, 결혼에 대한 가치관이 당신과 잘 맞는지를 파악할 수 있는 중요한 정보를 제공한다.

당신은 그가 경력 면에서 어느 정도 위치에 도달했는지도 살펴볼 필요가 있다. 만약 그가 자신의 일이나 경력에 불만족스러워하고, 여전히 계획을 실행하기 위해 열심히 일한다면 그는 당신을 진지하게 만날 가능성이 낮다. 남자가 일 외에 취미생활을 즐기는지, 즉 레저를 즐기면서 시간을 얼마나 보내는지를 눈여겨보는 것도 좋다. 그가 취미생활을 즐길 만큼 시간적인 여유가 있다는 것은 일 이외에 다른 것에 집중할 수 있음을 의미하기 때문이다.

명심할 점은 당신이 진지한 관계를 맺고 싶은 남자가 일을 열심히 한 적이 없거나, 힘든 일은 피하거나, 아무것도 하지 않으면서 무슨 일이 일어나기만 기다리는 남자는 아니어야 한다는 것이다. 이런 남자들은 여전히 자신이 누구인지, 무슨 일을 할지, 돈을 얼마나 벌지 탐색하고 있기 때문에 당신이 요구하는 헌신을 받아들이지 않을 확률이 높다. 그가 당신이 기대하는 헌신을 보여주지 않는다면 기꺼이 남자 곁을 떠나야 한다.

많은 여자들이 남자와 데이트를 하고, 그에게 홀딱 빠지며, 기꺼이 섹스를 한다. 그리고 그 사랑이 남자의 헌신으로 되돌아오기를 기대한다. 몇 년을 기다려도 결혼에 관심이 없다고 밝히는 남자를 위해서 기다리고 또 기다린다. 이럴 때는 마냥 기다리지 말고 직접 물어야 한다. "자기는 결혼을 원한 적이 있어?" 그가 아직 준비가 되지 않았다고 말하더라도 당신은 더 많은 정보를 얻기 위해 좀 더 물어야 한다. 2년, 혹은 3년 후라도 결혼하는 모습을 그려봤는지 질문해보라. 만약 그가 바로 "난 결혼을 생각해본 적이 없어"라고 말한다면 뒤도 돌아보지 말고 떠나라.

당신은 정확히 몇 년 안에 결혼할 의사가 있다고 그에게 확실하게 알려야 한다. 만약 그가 당신의 계획에 동참하길 원하지 않으면 떠나야 한다. 물론, 이별은 매우 힘들다. 많은 여자들이 그가 떠나버린 후 또 다른 누군가를 만나 서로 탐색하고 사귀는 과정을 반복하는 것을 두려워한다. 전에도 누구이 말했지만, 지금 한 번 더 말하겠다. 당신이 떠난 남자는 당신의 마지막 남자가 아니다. 떠나라. 그에게서 빠져나와 당신이 마땅히 만날만한 가치가 있는 남자, 그리고 그만큼 당신에게 돌려주고 싶어 하는 남자를 찾아라.

40대 남자가 매력을 느끼는 여자는 따로 있다

••• 40대 남자는 자신의 삶의 위치에 만족하며 인생의 전성기에 들어선다. 특히 그가 남편이고 아버지라면 더 그렇다. 그는 자신이 쌓은 업적을 사랑하고 돈도 벌고 있지만, 결국 가장 중요한 것은 돌아갈 집이 있느냐이다. 이게 핵심이다. 집은 남자로서의 여정을 완성한다. 명예, 경제력, 권력, 그 어떤 것도 집에 돌아갔을 때 가장 사랑하는 사람들이 따뜻하게 맞아주는 것에 비하지 못한다. 아내와 아이들이 그를 반겨주는 한 그는 언제나 영웅이 된다. 그는 "아빠"라는 타이틀을 우러러본다. 그리고 자신을

사랑하고 지지해주는 아내가 있음에 만족한다. 가족의 소중함은 그가 가족의 중요성을 이해할 만큼 나이가 들었을 때 더욱 절실하게 다가온다.

남자는 자신이 말한 것을 지키는, 정직하고 믿을만한 사람이라는 인정을 받기를 바란다. 존경받고 싶어 하고, 가족의 도움을 받아 자신의 능력을 최고로 발휘하는 남자가 되길 바란다. 그가 남편, 아버지가 되면 가족을 부양하기 위해 열심히 일하고, 사람들에게 아내와 아이들에 대한 이야기를 하는 것을 자랑스럽게 여기며 자기의 능력을 최대치로 끌어 올리게 된다.

40대 남자가 싱글이라면 그럴만한 이유가 있다. 아마 운이 없었을지도 모른다. 혹은 해외에서 일하거나 군에 입대했다면 일의 특성상 정착할 여건이 갖춰지지 않았을 수도 있다. 아니면 결혼해서 가정에 헌신하는 삶은 질색인 사람일 수도 있다. 이유가 무엇이든 (이혼한 것이 아니라면) 그는 아내와 아이 없는 삶을 받아들이며 지내왔기 때문에 홀로 보내는 삶이 편안해진다.

만약 그에게 조카, 혹은 아이가 있는 친한 친구가 있다면 그들을 맹목적으로 사랑하는 것만으로도 충분하다고 생각할지 모른다. 그는 결혼반지와 남편, 아이가 없는 삶을 선택한 여자들만큼이나 자신의 삶의 방식에 만족한다. 그들의 인생은 안락하고 편안하다. 재정적으로 여유 있고 온전히 자신에게만 집중하는 편안한 일상을 누린다. 충분히 만족스러운 삶을 살고 있는 40대 남자가 익숙한 편안함을 깨고, 누군가와 관계를 맺으려면 상당한 시간이 소요된다. 그는 누군가를 만나 책임을 지고 헌신하는 삶은 자신 이외에 그 어떤 것도 책임질 필요가 없었던 자유로운 삶을 방해할 거라고 생각한다.

　　물론 40대 남자가 여자와의 만남 자체를 원하지 않는 건 아니다. 단지 그는 20대와 30대 때처럼 여자를 만나려고 애쓰거나, 의미 없는 섹스에 매달리지 않을 뿐이다. 남자는 나이가 들수록 예전처럼 섹스가 필요하지 않으며, 이미 다양한 성향의 여자들과 관계를 맺어봤기 때문에 젊은 시절보다 여자를 탐색하는 횟수가 줄어든다. 젊고 매력적인 여자를 만나기 위해 클럽을 가려고 하지도 않는다. 그보다는 대화가 통하는 사람, 근사한 식사를 할 수 있고 이벤트나 콘서트, 그 밖의 문화행사를 함께 다닐 수 있는 상대에게 더욱 끌린다. 또한 자신처럼 이성과 관계를 맺는 데에 부담을 갖지 않는 여자에게 편안함을 느낀다. 이런 관계는 모든 남자가 원하는 애정과 안정감을 주는 데다 마흔이 넘은 싱글 남자라면 더더욱 이러한 관계를 추구하게 된다.

　　만약 40대에 이혼을 했다면, 누군가를 만나는 게 조심스러워서 제법 오랜 시간 홀로 지내거나, 반대로 싱글인 남자들보다 더욱 열정적으로 이성을 탐색하는 경향을 보인다. 결혼 후 수년에서 수십 년간 눈길을 주지 않았던 여성을 다시 알아가야 하기 때문이다. 실제로 그는 아무런 제약 없이 데이트를 할 수 있기 때문에 한편으로는 자유롭게 놀고 싶은 마음도 있을 것이다. 그러므로 그가 다시 누군가에게 헌신하겠다는 결심을 하려면 수년이 걸릴 수도 있다. 특히 전 아내에게 매우 복잡한 감정을 품고 있다면 더욱 그렇다. 그럼에도 결혼을 경험한 남자는 일단 누군가에게 헌신하기로 결심하면 두려워하지 않고 뛰어들 것이다.

40대 남자와
관계 맺는 법

··· 당신이 40대 남자를 만나려고 한다면, 그에게 어떻게 접근할지 고민해야 한다. 그는 이미 많은 것을 경험했기 때문에 멋진 몸매나 유혹, 내숭에 쉽게 넘어가지 않는다. 물론 그가 며칠 밤을 함께 지낼 매력적인 젊은 여성을 찾는 방법을 모르는 것은 아

니다. 하지만 40대 남자는 잠시의 쾌락을 위해 시간과 돈을 쓰는데 큰 흥미를 느끼지 않는다. 그는 자신이 무엇을 좋아하는지 알고, 항상 무언가를 배우며 인생을 즐기는 여자, 특히 그의 인생관을 이해하고 그를 편안하게 해줄 여자를 원한다.

젊을 때 이성을 쉽게 만났던 전형적인 장소인 클럽이나 헬스장, 바 같은 곳에서는 그를 찾기 힘들다. 그를 만나려면 음악을 감상하는 재즈 클럽이나 스포츠 경기장, 혹은 골프장과 테니스장, 풋볼 리그로 가야 한다. 가정 있는 남자가 취미생활에 흠뻑 빠져 있다면, 제멋대로고 이기적인 남자라며 아내에게 잔소리를 듣겠지만, 싱글 남자는 오락과 스포츠 등의 취미생활에 탐닉할 시간이 충분하다.

다만, 이혼한 40대 남자와 사귀는 일은 까다로울 수 있다. 당신을 보고 전 아내의 얼굴을 떠올릴 수도 있고, 전혀 생각하지 못한 방향으로 관계가 흘러갈 수도 있다. 만약 그가 이혼한 지 2년이 채 되지 않았다면, 그는 당신이 아무리 매력적인 여자여도 자신이 과거 결혼생활을 하며 유지하던 삶의 방식을 그대로 유지하려 할 것이다. 40대 남자는 과장된 말을 믿지 않는다. 또 40대 남자는 낮에는 집을 깨끗하게 치우고 유지하는 것을 좋아하고 밤에는 여자 친구를 위해 근사한 저녁을 차려낼 줄 아는 훌륭한 요리사이다. 또 그들은 섹스를 사랑하며, 야구와 축구의 열성 팬이자 시가 냄새를 사랑한다.

결혼을 해봤던 남자는 누군가를 다시 만나더라도 인생을 살다가 어려움이 생기면 그가 전 아내와 겪었던 것과 같은 상황에 처할 수 있다는 것을 안다. 그러므로 40대 남자를 만나고 싶다면, 그가 당신과 함께 있는 것이 얼마나 멋진 일인지를 강조할 필요는 없다. 그는 당신을 믿지 않을 테니까. 말보다는 직접 보여줘야 한다. 만약 그가 당신을 골프장에 데려갔는데 당신이 즐기는 것처럼 보였거나, 당신이 재즈 거장인 존 콜트레인과 마일스 데이비스의 클래식 솔로 대결의 아름다움에 대해 논할 수 있다면, 그는 당신이 자신과 같은 관심사를 폭넓게 공유하는 특별한 존재라고 믿기 시작할 것이다.

일단 이혼의 아픔을 극복하고 누군가를 다시 만날 준비가 되면, 그는 나이가 또래인 여성과의 섹스가 스물다섯 살과의 섹스보다 훨씬 흥미로울 수 있다는 사실도 깨닫는다. 즉 육체적인 완벽함이 생각만큼 좋은 것만은 아니라는 사실을 알게 된다. 그리고 그의 인생과 자신의 인생에 만족하는 여자와 동료애가 있는 동반자 관계로서의 교제를 시작하고 싶어 한다.

앞에서 소개한 내용이 나이에 따른 남자의 성향이나 관계를 맺는 방식을 완벽하게 정의한 것은 아니다. 언제나 예외는 있다. 단지, 남자가 나이 들면서 인생에서 벌어지는 일들을 일반화하여 설명했을 뿐이다. 이것은 나뿐 아니라 주변의 남자 동료들, 그리고 친구들도 분명 경험했던 일들이다. 당신과 교제하는 남자가 당신과의 관계를 어떻게 생각하는지 알아보는 데, 그리고 당신이 그와 원하는 방식의 관계를 맺는 데 위의 정보가 도움이 되기를 바란다.

여자가 남자에 대해
갖고 있는

몇 가지 통념과 진실

책 출간 후 강연을 다닐 때 지적이고 성공한 아름다운 싱글 여자들이 남들이 부러워할만한 경제력을 갖췄음에도 불구하고 남편은 고사하고 왜 데이트 상대조차 찾기 어렵냐는 질문을 많이 받았다. 하지만 정작 성공한 많은 여자들은 대부분 혼자여도 완벽하게 행복하다고 말하거나, 그들이 미혼인 이유가 남자들에게 있다고 주장하며 이렇게 말했다.

"남자들이 나를 겁내기 때문에 혼자 있는 거예요."

이 주장에 대해 나는 욕을 들을 것을 각오하고, 남자를 대

변하려고 한다. '남자들이 내 성공을 겁내기 때문에 혼자다'라는 주장은 변명에 지나지 않는다. 일부 싱글인 여성들이 자신이 혼자인 이유를 합리화하는 편리한 방법일 뿐이다. 잔인하지만 사실이다. 골프장이나 농구장, 혹은 바에서 남자들끼리 담배를 즐기면서 비슷한 이야기를 할 때면 다들 고개를 가로저으며 누가 그런 이상한 소리를 하는지 매우 궁금해한다. 남자는 강하고 독립적이며 능력 있는 여자에게 신경을 쓰지 않는다. 남자는 자신이 필요하지 않다고 느껴질 때를 신경 쓸 뿐이다. 믿기 힘들겠지만 여기에는 차이점이 있다.

그럼에도 독립적이고 경제력 있는 여자들은 "남자는 능력 있는 여자를 겁낸다"는 통념을 끈질기게 믿는다. 이 책을 통해 남자가 강하고 독립적이고 성공한 여자와 관계를 맺을 때 어떤 사고방식을 갖고 있는지 이해하기를 바란다. 그래야 다음 단계로 넘어갈 수 있기 때문이다.

통념1. 남자는 성공한 여자를 좋아하지 않는다

∙∙∙ 만약 당신이 학위를 한 개 이상 취득하고, 비싼 차를 소유하고, 밤에 누울 수 있는 훌륭한 집이 있고, 〈포춘〉 500대 기업 CEO의 입이 떡하고 벌어지는 수준의 돈을 번다면, 남자 역시 당신이 잘돼서 기뻐할 것이다. 여자가 성공해서 훌륭한 인생을 살고 있다는 사실은 남자를 화나게 하지 않는다. 상대에 대한 흥미를 떨어뜨리지도 않으며, 자존심에 치명적인 타격을 입히지도 않는다.

하지만 이것이 당신 인생의 결정적 요소라면, 즉 당신이 죽고 못 사는 문제라면 어떨까? 당신은 자신을 소개하면서 가장 먼저 소유한 차의 연식과 종류, 살고 있는 집의 매입가격, 그리고 신용등급을 이야기한다. 이어 당신이 강하고 독립적인 여성이라며 "난 혼자서도 잘 지내고 있어요. 돌봐줄 사람은 필요 없어요"라고 말한다면 남자는 당신의 말을 어떻게 해석할까? "난 당신 도움은 필요 없어요"라고 해석할 것이다. 그리고 그는 당신이 홀로 승진하는 동안 다른 곳에서 누군가를 도와줄 것이다. 당신이 홀로 (혹은 여자 친구들과 함께) 쇼핑할 동안, 홀로 (혹은 여자 친구들과 함께) 휴가를 보내는 동안, 그리고 집으로 홀로 돌아올 동안. 물론 혼자인 게 잘못된 건 아니다. 많은 사람들이 결혼을 전제로 한 관계를 맺지 않아도 멋진 경험을 하고, 좋은 친구들과 추억을 만들며 만족스러운 인생을 살아간다.

그러나 혼자 있어도 괜찮다고 말하는 여성 중에는 열심히 일해서 경력을 쌓고 돈을 벌면 자연스럽게 만날 줄 알았던 남자 친구나 배우자를 평생 못 찾을 수도 있다는 생각 때문에 불안한 이들도 있다. 또 남자들이 자신의 성공을 질투하기 때문에 자신이 혼자라고 믿는 이들도 있다.

내가 해주고 싶은 말은 이렇다. 남자들은 이미 대부분의 여자들이 스스로를 돌볼 수 있다는 사실을 알고 있다. 자녀의 행복에 관심 있는 부모 밑에서 자랐다면 그들은 딸의 인생에 남자가 있든 없든 탄탄한 교육을 받고, 좋은 경력을 쌓아 스스로를 돌보기 위해 돈을 벌어야 한다는 사실을 가르쳤을 것이다. 남자들도 당신이 가능한 한 최고의 자리에 오르기 위해 최선을 다하고 있다는 걸 알고 있다. 그렇기에 사람들이 자랑스러운 일을 가까운 이들과 공유하는 건 당연하다고 여긴다.

다만, 여기서 잊지 말아야 할 것은 남자는 여자를 부양하고 보호하고 공언하는(그녀에게 여자 친구, 혹은 아내라는 타이틀을 부여하는) 방식으로 사랑을 보여준다는 사실이다. 그런데 공과금을 내고 생활하는 데 필요한 돈을 모두 갖고 있으니 그의 부양이 필요 없고, 경보시스템과 반려견이 있어 혼자 살아도 안전하다고 말한다면, 그가 당신을 위해 사랑을 공언하고 싶을까?

물론 남자 앞에서 학위와 연봉, 경제력을 과시하는 게 무조건 남자가 필요 없다고 말하는 것이 아니라는 사실을 잘 안다. 남자에게 '경제적으로 빈곤'해 보이고 싶지 않아서, 또는 남자의 돈과 경제력을 탐내는 여자가 아니라는 것을 보여주기 위해서 자신이 가진 것, 혹은 이룬 것을 설명하는 여자도 있을 것이다. 하지만 여기서부터 문제가 생긴다.

모든 사람은 누군가를 필요로 한다. 또 모든 사람에게는 채워져야 하는 공허함이 있다. 그래서 우리는 가족을 원한다. 편안함을 주고, 꿈을 공유하고, 고민이나 걱정을 기꺼이 들어주고, 문제를 해결하기 위해 의견을 나누고, 사소하게는 공과금을 납입하고 집의 고장 난 곳을 수리해줄 수 있는 누군가를 원한다.

진심으로 진지한 관계를 맺고 싶은 남자라면 당신을 보살피길 원하고, 당신이 어려운 일을 겪을 때 손을 잡아줄 것이다. 당신을 부양하기 위해 돈을 벌고, 아무도 당신을 해치지 않길 원하고, 당신 아이의 좋은 아버지가 되길 원하며, 당신이 성공하는 모습을 보길 원한다. 그는 이것이 가족의 행복을 지키고, 당신을 행복하게 해주는 일임을 안다.

물론 당신은 자기 자신을 과소평가하거나 깎아내릴 필요가 없다. 자신이 이룩한 성과를 자랑스러워할 수 있고 남자에게 그 사실을 공유할 수도 있다. 하지만 진실을 조금만 섞어 이야기하면 어떨까. 훌륭한 경력을 줄이고, 아직 갖지 않은 것을 조금만 덧붙여 말해도 아무 문제는 없다.

"난 내 인생에 정말 만족해요. 많은 것을 이뤘죠. 하지만 여전히 내 인생의 파트너가 될 사람을 만나 가족을 꾸리는 게 꿈이랍니다."

당신의 비전을 남자와 공유하고, 남자의 가치를 낮추지 않은 채 관계에서 원하는 것을 명확히 전하려면 진정한 용기와 힘이 필요하다. 남자는 자신을 존중해주면서 원하는 것을 확실히 말하는 당신에게 푹 빠질 것이다.

가까운 친구 중 한 명은 평소 매력을 느끼고 있던 여자가 여생을 함께할 '한 사람'을 찾고 있다고 말한 이후 관계가 급진전됐다고 말했다. 그는 은행에서 그녀를 만났다. 그는 은행 직원이었고 그녀는 손님이었는데, 둘은 서로 호감을 가지고 있었다. 그녀에게 어떻게 데이트 신청을 할지 고민하던 내 친구는 마침

내 행동에 옮겼다. 그녀에게 커피 한잔을 같이하자며 데이트 신청을 한 것이다. 그녀는 그의 제안을 받아들였고, 커피를 마시면서 덴마크어로 그의 마음을 완전히 뒤흔들었다. 그녀를 만나는 동안 그는 그녀가 오랫동안 〈포춘〉 500대 기업 중 한 곳에서 일했고, 부를 이룬 고객에게 노하우를 얻은 후 자신 소유의 회사를 운영했다는 사실도 알게 됐다. 하지만 그녀는 자랑하지 않았다. 단지 자신의 정보를 공유했을 뿐이었다. 그런 다음 그녀는 자신이 원하는 것을 정확히 털어놓았다.

"난 내 인생에 만족해요. 하고 싶은 걸 이루었고, 좋은 가족과 친구들이 있죠. 하지만 난 여전히 내가 사랑하고, 또 나를 사랑해줄 남자를 원해요. 그런 사람을 만나는 것은 내 인생에서 가장 훌륭한 일이 될 거예요."

그녀는 이후 다음과 같이 덧붙였다. 자신은 백만장자와의 결혼을 기대하지 않는다고, 단지 인생을 함께할 수 있는 꾸준하고 성실한 동반자를 원한다고.

이 말은 친구의 마음속 깊이 박혔다. 그는 그녀에게 가장 큰 집을 사 줄 수도, 그녀의 은행 계좌 잔액 뒤에 0을 붙여줄 수도, 그녀의 경력에 영향을 주는 결정을 내려줄 수도 없었지만, 그녀를 부양하고 보호하고 그녀가 기댈 수 있도록 넓은 어깨를 빌려주고, 인생을 함께 만들어나가며 서로에게 힘이 되어주었다. 둘은 10년이 넘는 시간을 함께하며 여전히 잘 지내고 있다.

통념2. 남자는 자기주장이 강한 여자를 겁낸다

···　남자는 강한 여자를 겁내지 않는다. 비록 남자들이 많은 것을 두려워하지만, 그중에 여자는 없다. 남자는 당신 은행 계좌에 얼마가 있는지, 당신의 직업과 직장에서의 위치는 무엇인지 크게 신경 쓰지 않는다. 혹은 당신의 꿈과 목표, 열망이 무엇인지도 신경 쓰지 않는다. 단지 당신에게 말을 걸고 싶을 뿐이다. 단, 남자들은 접근하려는 여자가 자신에게 무례하게 굴지 않을 것처럼 보일 때만 말을 건다. 단언컨대, 남자는 당신이 생각하는 것보다 훨씬 약았다.

　남자는 선천적으로 사냥꾼이며, 진지한 관계를 원하지 않는다면 쉽게 잡힐 것을 찾는 포식자이다. 자극적으로 차려입고, 술을 많이 마시고, 도발적인 춤을 추면서 남자들에게 지속적인 신호를 보내는 여자는 결국 잠시 만나 즐길 수 있는 여자를 찾는 남자들의 어장관리 대상이 되기 쉽다. 이렇게 매우 쉬운 방법으로 남자를 유혹하는 여자도 많지만, 반대로 모든 것을 다 갖췄으면서도 자신의 매력을 남자에게 제대로 어필하지 못하는 여자들도 많다.

남자는 바로 달려들지 않고 당신을 관찰한다. 당신이 카페 점원에게 어떻게 말하는지, 얼마나 예의 바르게 대하는지, 잔돈이나 포장된 샌드위치를 받을 때 "감사합니다"라는 인사를 하는지 지켜본다. 누군가 당신을 특정한 시선으로 볼 때 당신이 '넌 내 수준에 못 미치는데 감히 네가 왜?'와 같은 낌새를 보인다면 남자는 바로 느낀다. 남자는 당신이 있는 곳까지 먼 길을 걸어가는 동안 당신이 어떤 사람인지 결정하고, 그런 다음 당신을 미소 짓게 할 말을 생각해낸다. 그런데 당신이 웃지 않고 '감히 네가 왜?'와 같은 표정으로 쏘아볼 것 같은 느낌이 온다면 접근하지 않는다. 당신과 거래할 필요가 없다고 결론을 내리는 것이다.

남자가 당신에게 접근하지 않는다면, 그것은 아마도 당신이 겁나는 게 아니라 활기가 넘치는 여자, 심지어 혼자 앉아 있어도 미소를 짓고 있는 매력적인 여자의 관심을 끌기 위해 모든 노력을 쏟느라 바쁘기 때문일 것이다.

매력적인 여자가 눈앞에 있다면, 남자는 그녀의 흥미를 끌려 노력할 것이다. 하지만 그녀가 남자에게 무관심할 뿐 아니라 반감을 갖고 날카로운 반응을 할 냉정한 여자로 보인다면, 흠, 맞다. 남자는 말을 걸지 않는다. 누가 그런 번거로움을 감수하려 할까? 누가 그런 불편한 상황을 경험하고 싶을까?

통념3. 남자는 자신보다 돈을 많이 버는 여자를 좋아하지 않는다

••• 당신보다 돈을 적게 버는 남자는 당신을 원망하지 않는다. 그는 자신에게 화풀이를 한다. 우선, 당신은 남자가 자신보다 더 많은 돈을 버는 여자와도 진지하게 만날 수 있다는 것을 이해해야 한다. 요즘 경제가 불안하고 직업을 잃는 남자들이 늘면서 여자가 집안의 가장이 되는 경우가 많아졌다. 물론 남자가 이러한 상황을 받아들이는 것은 쉬운 일이 아니기 때문에 이 문제를 해결하기 위해서는 전략이 필요하다.

그가 경제력이 부족한 것은 당신과 관련이 없다. 그것은 그의 일이다. 그는 당신이 사회적으로 성공했다고 해서 화를 내거나 당신을 겁내지 않는다. 정확히 표현하자면, 창피해하는 것에 가깝다. 만약 그가 오랫동안 재정적인 상황이나 사회적 위치가 나아지지 않았다면, 그리고 원하는 바를 달성하지 못하거나 가족을 부양하기에는 스스로 부족하다고 느낀다면, 그는 심각한 고민에 빠질 것이다.

예를 들어 당신은 회사에서 승승장구하며 바쁘게 하루를 보내는 반면, 그는 당신이 회사 일을 하는 동안 아이들의 등하교를 준비하고, 집안일을 하며 집에 발이 묶여 있다고 해보자. 만약 그가 하던 일을 접고 갑작스럽게 집안일을 하게 된 거라면, 혹은 가사를 어떻게 분담할지에 대해 아무런 상의나 동의 없이 이 같은 변화가 생긴 거라면 남자는 자신의 위치가 못마땅하거나 불만스러울 것이다.

평생 일만 해온 남자가 한순간에 전업아빠 역할을 하게 되면 심리적으로 큰 타격을 입는다. 특히 내 역량 밖의 일들을 강제로 해야 한다면, 그것도 파트너의 인정 없이 하고 있다면 남자는 이러한 상황을 더더욱 받아들이기 힘들어한다. 남편이 별 말 없이 전업아빠가 되는 것에 동의했다 하더라도 어느 정도의 갈등에 대비해야 한다. 달라진 상황에 바로 적응하는 남자도 있지만, 적응하지 못하는 남자가 더 많기 때문이다. 특히, 당신의 도움이 없으면 더욱 힘들 것이다.

집안의 경제적 가장이 남편에서 아내로 바뀌는 것과 같은 큰 변화를 앞두고 있다면, 가족의 안위를 돌보기 위해 각자 무엇을 해야 할지 적극적으로 소통해야 한다. 이때 당신의 말투가 가장 중요하다. 일단 그를 옆에 앉히고 상냥하게 말을 건다. 경제적 상황은 가정마다, 개인마다 다 다르고, 살면서 변수란 언제든 있을 수 있으므로 이 상황을 잘 극복하기 위해 우리가 힘을 모아야 하지 않겠느냐고 말을 꺼내본다. 그리고 당신과 그는 연봉이 얼마인지를 두고 경쟁하는 사이가 아니라고 강조하라. 당신이 번 돈은 당신만을 위한 돈이 아니라 가족을 위한 것이며, 함께 노력하면 집에 있는 모든 이들에게 이익이라고 말이다. 또한 그의 자신감을 한껏 북돋아주어라. 당신은 의심할 여지없이 여전히 그가 용감한 리더이자 가정의 대표라고 생각한다고 말하라. 그를 격려하고 지지하며 그에게 감사를 표현하라. 그러면 앞으로 그를 다룰 때 큰 도움이 될 것이다.

남자를 떠받드는 말을 하는 건 스스로의 가치를 낮추는 것이라고 생각하는 일부 여성들은 이러한 조언에 의문을 제기할 것이다. 하지만 나는 이렇게 묻고 싶다. 그런 관계라면 유지할만한 가치가 있을까? 당신이 사랑하는 남자의 기운을 북돋아주는 게 그렇게 끔찍한가? 상황이 정반대로 바뀐다면 당신도 그가 똑같이 해주길 원하지 않을까?

당신의 태도와 말투기 그의 자신감, 스스로에 대한 기치를 떨어뜨리지만 않는다면 그는 어떠한 변화에도 대처할 수 있다. 당신이 재정적 우위를 핑계로 남자를 종업원이나 아이를 다루듯 대한다면, 집 밖에서는 승승장구할지 몰라도 집에서는 성공을 장담할 수 없다. 남자에게도 융통성은 있다. 모든 건 어떻게 접근하느냐에 달렸다.

통념4. 학벌 좋고 돈 잘 버는 남자는 자신과 같은 조건의 여자를 좋아한다

••• 남자는 당신이 선호하는 남자의 스타일과 성격, 인적사항에 전혀 신경 쓰지 않는다. 만약 당신이 몇 개의 학위를 갖고 있고, 많은 월급을 받고, 언덕 위의 저택을 소유하고, 비싼 레스토랑에 데려다줄 고급 자동차를 가진 남자를 찾고 있다 해도 남자

들은 큰 반감을 갖지 않는다. 다만, 모든 것을 갖춘 남자를 기다리면서 주변에 좋은 남자가 없다며 푸념을 늘어놓지는 마라. 당신 주변에도 "좋은" 사람은 아주 많다. 만약, 강하고 독립적이며 극히 까다로운 여성이 자신이 혼자인 이유가 데이트 상대의 범위를 심하게 제한했기 때문임을 인정하지 않는다면 남자들은 화가 난다.

이것은 열 살 아이들에게 장래희망이 무엇인지 물어보면 열 명 중 일고여덟 명의 아이들이 한 직업을 이야기하는 것과 비슷하다. 그 일을 원하는 남자가 천문학적으로 많다 하더라도 실제 장래희망대로 되는 경우는 아주 적다. 그리고 소년도 어느 순간, 자신의 장래희망대로 미래가 펼쳐지지 않을 거라는 사실을 깨닫는다. 결국 기대를 조정해 더욱 합당하고 달성할 수 있는 목표를 찾아낸다.

이런 논리를 데이트에 적용하면 편리하다. 당신의 경영학 학위와 은행 계좌, 고급 액세서리 몇 개가 잘생기고 똑똑하고 학벌 좋고 부자인 데다가 이 세상에서 당신을 가장 아끼고 사랑해주는 최고의 신랑감을 만나게 하는 데 도움을 줄 거라고 생각한다면 앞뒤 잴 것 없이 도전해보자. 하지만 계속 퇴짜를 맞는다 해도 억울해하지 마라.

물론 지금의 위치에 오르기까지 열심히 일하고, 학위를 취득해 높은 지위에 오른 당신이 비슷한 경험과 목표가 있는 누군가를 필요로 하고 만날 자격이 있다는 것은 이해한다. 하지만 몸 담고 있는 분야에서 성공하는 방법은 수없이 많다. 남자에게는 푼돈과 꿈, 그리고 '누군가 기회를 줬더라면 어땠을까?' 하는 한탄밖에 가진 게 없어 우두커니 서 있는 사람보다 최악이고 짜증 나는 건 없다. 그는 더 큰 그림을 보지 못하고, 자신의 선택을 실행에 옮기지 않았기 때문에 파산했고 실직했다. 쓰라린 경험을 하기 싫은 남자들은 각자의 자리에서 각자의 방식으로 공부하고 노력한다. 때문에 남자는 여자가 자신이 가진 성공의 잣대로 그의 성과와 업적을 판단하는 것을 참지 않는다.

　　본질적으로 당신은 재정 상황과 교육 수준이 당신과 똑같은 남자를 찾고 있다. 어떻게 보면 뛰어난 당신이 비슷한 맥락에서 뛰어난 남자를 원하고 있으며, 이는 당신이 데이트 상대를 지나치게 제한한다는 것을 의미한다. 만약 당신이 찾고 있는 부분 집합 내의 남자가 데이트 상대의 범위를 경제와 교육 수준이 자신과 비슷한 여자로 제한한다면 괜찮다. 그러나 남자들은 그렇게 하지 않을 것이다. 그러한 조건들은 남자들이 원하는 자질이 아니기 때문이다. 남자는 예쁘고 친절하고 똑똑하고 가정적이고 차분하고 쾌활하고 곁에 있으면 재밌는 여자처럼 당신과는 다른 기준을 가지고 생각한다.

당신이 우선순위를 조정하여 신뢰를 기반으로 진지하게 만날 수 있는 상대를 찾는 데 초점을 맞춘다면 훨씬 도움이 될 것이다. 예를 들어 생산직에 종사하고 포드 토러스를 몰지만 매력적이고 가정적이고 신뢰할 수 있는 남자는 당신이 바라는 재정적 목표를 달성해주지는 못할 것이다. 하지만 믿음을 전제로 한 관계가 무엇인지, 어떤 남자와 인생을 함께 보내고 싶은지에 대한 기준을 정립해주는 데는 더 적합하지 않을까? 인상적인 타이틀 여러 개에 높은 연봉을 받고 레인지로버를 모는 남자는 당신이 바라는 경제력과 교육 수준은 딱 맞을 수 있지만, 어디로 튈지 모르는 즉흥적인 성격의 소유자일 수도 있고, 한 여자에게 헌신할 준비가 전혀 되어 있지 않은 남자일 수도 있으며, 아니면 침대에서 끔찍한 기억을 선사할 남자일 수도 있다. 그래도 여전히 그가 완벽한 남자의 조건에 맞을까?

당신이 마음의 문을 좀 더 열면 주변에는 당신과 신뢰를 기반으로 멋진 관계를 맺을 수 있는 좋은 남자들이 무수히 대기하고 있다. 물론 당신이 원하는 것을 얻을 때까지 끈기 있게 버티고 싶다면, 그들을 꼼꼼히 분석하는 건 당연하다. 다만, 당신의 데이트 상대 범위를 제한하는 결정은 오직 당신이 하는 것이며, 오랜 시간 혼자 있게 된다면 그 역시 당신의 선택에 따른 결과임을 기억하라.

통념5. 능력 있는 여자를 만나는 남자는 게으르며, 그들은 배우자가 아닌 슈가맘을 원한다

••• 물론 일부 남자들은 능력 있고 돈 많은 여자를 이용하기도 한다. 능력 있는 사람에게 의지하고 기대고 싶은 것은 인간의 본성이기도 하다. 하지만 이것은 남자들조차도 이해하지 못하는 특성이다. 사실 이런 모습은 누구에게나 거슬린다. 스스로 나약하고 태만하다고 인정하는 것이자 세상에서 가장 최악인 행동이기 때문이다. 대부분의 남자는 여자가 자신을 강하고 유능하다고 생각해주기를 원한다. 특히 남자가 사랑하는 여자라면 더욱 그렇다. 남자는 보호자와 부양자가 되어야 한다는 가르침을 습득하면서 자랐다. 그러한 남자의 마음속에 갑자기 돈 많은 아가씨가 등장하여 생존을 책임진다는 공상의 나래가 펼쳐질 가능성

은 거의 없다. 받아들일 수 있는 거라곤 자신을 좋아하는 여자에게 받는 선물뿐이다.

하지만 그녀가 남자가 스스로 할 수 없다는 이유로 그에게 먹을 것을 주고, 집을 제공하고, 옷을 사 주면서 그가 생존할 수 있게 한다면, 그는 그녀 곁에 오래 붙어 있지 않을 것이다. 내 말을 못 믿겠다고? 그럼 왜 편부모 가족과 아버지가 없는 가족이 그렇게 많을까? 일부 남자들은 가족을 부양할 수 없으면 집에 있을 수 없다는 이유로 떠난다. 남자는 가족을 부양할 수 없다는 걸 알면 자신을 결코 좋은 아빠라고 생각할 수 없다. 아버지와 소득, 이 두 가지는 떼려야 뗄 수 없는 불가분의 관계라고 여긴다. 즉 남자는 누군가로부터, 특히 그의 파트너로부터 그가 스스로도 책임지지 못하는 남자라는 비난을 받고 싶지 않을 것이다. 결과적으로 그는 "슈가맘(만남의 대가로 상대에게 재정적 지원을 하는 미국 중년 남녀를 일컫는 말)"의 보살핌을 오래 받지 못하고, 그녀를 떠난다.

하지만 이것이 남자가 여자의 도움을 전혀 받지 않는다는 의미는 아니다. 앞에서 말한 것처럼 함께 잘 살기 위해서 마음을 열고 누군가 희생을 해야 한다면, 그는 기꺼이 받아들일 것이다. 지금의 아내인 마저리가 기꺼이 이타심을 발휘하는 모습은 나를 완전히 사로잡았다. 나는 한동안 많은 돈을 벌다가 수입이 바닥을 치고 있을 때 그녀를 만났다. 그때는 로스앤젤레스의 라디오 프로그램 진행을 막 포기하고 〈스티브 하비의 빅 타임〉이라는 TV쇼가 취소되었을 무렵이었다. 설상가상으로 코미디 투어의 비수기인 여름이었기에 6월부터 8월까지 공연으로도 돈을 벌 수 없었다. 게다가 분할 자산 건으로 돈이 묶여 있었기 때문에 정착할 집도 없는 상태여서 뉴욕으로 이사를 가야만 했다. 마저리는 이런 모든 상황을 알고 있었지만, 단 한 번도 내색하지 않았다. 오히려 마저리는 대단히 강하고 독립적인 모습을 보여줬다. 그녀 소유의 집에서 자녀를 키우며 자신의 인생을 살고 있던 마저리는 기꺼이 자신의 집을 제공했다. 그녀는 나를 멤피스에 있는 그녀의 집으로 데려가서 이렇게 말했다.

"스티브, 우리는 여기서 살 수 있어요."

그녀는 집을 아주 멋지고 깔끔하게 꾸미는 놀라운 살림꾼이었다(그녀의 집은 먼지 한 톨 없이 깨끗했다). 마저리는 힘든 시기를 보내고 있는 나에게 기꺼이 그녀의 돈을 공유하려고 했다. 그녀가 내게 요구했던 것들, 즉 그녀의 아이들에게 좋은 아버지가 되고, 성실한 남편이 되고, 그녀의 꿈을 공유할 수 있는 파트너가 되고, 삶의 과정을 함께 고민하는 한 말이다. 그녀가 원하는 것은 가족과 성숙한 관계가 전부였다.

지금까지 폭로한 모든 통념의 진실을 통해 강하고 독립적인 여자가 혼자인 이유가 남자가 그런 여자를 두려워하기 때문이라는 생각을 떨쳐버리기 바란다. 남자는 당신을 두려워하지 않는다. 당신의 성공을 응원하되, 당신에게 보살핌을 바라지 않는다. 또한 당신이 더 많은 돈을 번다고 해도 문제가 되지 않는다. 다만, 신경 쓰는 건 능력 있고 독립적인 여자가 갖고 있는 태도 정도이다. 즉 물질적인 것을 대하는 당신의 태도, 다른 사람들을 대하는 당신의 태도, 그리고 힘든 시기를 지나고 있는 남자를 대하는 당신의 태도 말이다.

슈가대디,

그는 절대 당신과
사랑에 빠지지 않는다

왜 이런 함정에 빠지기 쉬운지 알겠다. 여기 당신 집 앞에서 선물을 들고 있는 남자가 있다. 그 선물이 지난달 그가 당신의 침대에 올려놓은 몸매를 드러낸 섹시한 드레스와 잘 어울리는 신상 핸드백과 구두, 혹은 주먹 크기만 한 다이아몬드 귀걸이 한 쌍과 당신의 손목을 별처럼 반짝반짝 빛나게 만들어줄 팔찌라고 해보자. 아니면 이보다 훨씬 실용적인 선물일 수도 있다. 이를테면 콘도에 한 달간 머무를 수 있는 이용권, 당신이 시내를 돌며 운전했던 크라이슬러의 납입금, 혹은 당신이 좋아하는 헤어 스타일리스트가 있는 미용실 이용권 같은 것을 가져왔을 수도 있다.

선물이 무엇이든, 선물을 받은 당신은 행복하다. 그렇지 않은가? 선물은 당신 주머니의 돈을 지켜주고 더욱 중요한 건, 이 남자가 당신을 신경 쓰고 있는 것처럼 느끼게 해준다. 이렇게 당신에게 필요한 것을 주고 원하는 것도 알아서 척척 선물하는 이 남자에게 누가 빠지지 않을 수 있을까?

당신도 알다시피, 과거에는 이런 남자를 "슈가대디"라고 불렀다. 슈가대디는 당신의 아빠가 해주는 것처럼 옷과 음식과 주거지를 제공하면서 당신을 보살펴주는 다정한 사람이다. 그는 다른 사람들과는 비교가 안 될 정도로 다정하지만, 아빠라면 누구도 실제 딸에게 기대하지 않을 것을 기대한다. 슈가대디의 좌우명은 이렇다.

'당신이 그를 다정하게 대하면, 그도 당신에게 다정하게 대한다.'

슈가대디, 스폰서,
또는 선수

··· 오늘날 슈가대디는 스폰서로도 불린다. 이런 남자를 슈가
대디라고 하든, 스폰서라고 하든 상관없이 남자들은 그를 간단
하게 선수라고 부른다. 선수와 어울리는 당신은 기꺼이 매춘도
할 수 있는 여자라고까지 생각한다.

이것이 현실이다. 물론 당신이 남자로부터 근사한 선물을
적게 받았을 수도 있겠지만, 남자들은 대부분 직접적이든 간접
적이든 여기에는 섹스와 관련된 "비용"이 있다고 생각한다. 물론
스트립클럽이나 사창가, 온라인에서도 살 수 있지만, 슈가대디
가 그렇듯 여성과 저녁 식사를 하고 영화를 보러 가고, 대신 집
세를 내주고, 보석을 사 주고, 머리 스타일을 바꿔주고, 용돈을
손에 쥐어줄 수도 있다. 어느 쪽이든 남자는 돈을 쓰면 뭔가를
보답으로 받을 수 있을 거라고 기대한다. 바로 섹스다.

제발 내 말을 믿어라. 대가를 바라지 않으면서 그토록 많은
것을 안겨주는 남자는 없다. 어쩌면 그가 당신에게 이 세상을 주
는 것처럼 보일 수도 있다. 슈가대디, 스폰서, 선수는 의도적으로
그가 당신만을 위해 최선을 다하는 것처럼 보이게 하려고 노력

한다. 하지만 본질적으로 슈가대디는 결코 긴 시간을 희생하지 않는다. 그의 순이익을 실질적으로 조금씩 갉아먹는 것이라면 결코 어떤 것도 계속하지 않는다. 그는 자신의 속내를 들키지 않는 한 게임을 계속할 것이며, 그에게 정말 중요한 관계에 지장을 주게 하지도 않을 것이다.

그가 자신의 집세를 내지 못한다면 결코 당신의 집세도 내지 않는다. 그에게 자신의 차가 없다면 당신에게 차를 사 주지 않는다. 그의 집 냉장고가 채워지지 않았다면 당신에게 식료품을 사 주지 않는다. 그가 더 좋아하는 여성이 파티에 가고 싶어 한다면 당신을 그곳에 데려가지 않는다. 그리고 그는 섹스를 했다는 이유만으로 당신과 절대 사랑에 빠지지 않는다.

내가 종사하는 업계에서 이런 일을 자주 목격한다. 유명인, 운동선수, 은행 간부, 사업가 등 재산이 있는 남자들은 주변에 한 명, 두 명, 심지어 그보다 많은 여자가 있다. 그 여성들은 자랑스럽게 각종 후원, 이를테면 호화로운 아파트 집세로 2천 달러, 자동차 할부금으로 7백 달러, 미용실과 네일숍 예약으로 3백 달러, 그리고 가끔 비싼 구두 한 켤레나 드레스를 받는다. 그녀들은 슈가대디로부터 매우 값비싼 것들을 받아왔다. 그렇지 않은가? 그들은 살 집과 마음껏 타고 다닐 수 있는 차가 생겼고, 머리

끝부터 발끝까지 예뻐졌다. 전부 누군가의 돈으로.

하지만 그들이 스폰서에게 받는 모든 것들은 이런 관계의 특성상 슈가대디에게는 푼돈 정도에 지나지 않는다. 그가 수백만 달러를 번다면 한 달에 3천 달러 정도가 대수겠는가? 그들에게 이런 후원을 받는 여자는 그의 서랍을 가득 채운 이태리제 마르꼴리아니 캐시미어 양말과 고급 에르메스 넥타이 몇 개, 비싼 커프스 단추 한 쌍 정도의 가치밖에 없다. 그에게는 그저 25센트 짜리 동전을 뒤집는 것처럼 손쉬운 것이다.

당신이 슈가대디나 스폰서와 엮여 있다면 단돈 25센트 동전이라도 먼저 달라고 요청할 필요가 없다. 진짜 선수들은 항상 당신이 필요한 걸 말하기 전에 그게 무엇이든 먼저 돕겠다고 제안하니까. 두 눈으로 당신을 주의 깊게 지켜보면서 대화를 하는 도중에 당신이 필요한 걸 알아낸다.

당신이 당장 폐차시켜야 할 것 같은 차를 끌고 온다면? 슈가대디는 당신을 위해 자동차 할부금을 내주거나 당신이 가고 싶은 곳이면 어디든 태워다준다. 잠재적 스폰서가 당신의 집에 들러 1950년대에나 사용하던 것 같은 가구를 본다면? 그는 당연히 가구를 새로 사 주거나 현금을 쥐어줄 것이다. 슈가대디는 데이트를 하면서 그녀의 발을 내려다보며 신발 사이즈를 묻는다.

그는 여자가 대답한 사이즈를 마음속으로 기억하고 몇 주 후 그녀가 신발에 대해 전혀 생각하지 않을 때쯤 그녀에게 딱 맞는 사이즈의 좋은 구두 한 켤레와 함께 나타날 것이다. 이 신발로 그는 키스를 받는다. 그리고 그녀에게 드레스 사이즈를 묻고, 몇 주 후에는 드레스를 건네주며 그녀의 포옹 및 키스, 어쩌면 그 이상의 무언가와 교환한다. 돈과 선물은 미끼이고, 그는 그녀가 이 미끼를 물 것을 알고 있다.

그는 미끼를 계속 제공할 것이다. 그녀에게 투자하고 있기 때문이다. 투자에 성공한 그는 어떤 종류의 수익을 얻을까? 어떤 남자도 살 수 없으며, 절대로 값을 매길 수 없는 귀중한 세 가지, 그녀의 사랑, 헌신, 그리고 몸을 얻는다.

선수가 꼭 부자일 필요는 없다. 보통의 직장인도 지구상에서 가장 부자인 남자 못지않게 여자에게 투자하는 데는 전문가이다. 당신이 현금이 부족하고 우유가 떨어지면? 당신이 공과금 낼 돈이 조금 부족하면? 그는 식료품과 통신비와 전기세를 지불할 돈을 보낸다. 당신의 차가 잘 달리지 않으면? 그는 오일을 교환해주거나, 바람 빠진 타이어를 갈아준다. 그는 단지 최소한의 비용, 혹은 돈을 아예 쓰지 않으면서 당신에게 무엇이 필요하고 채워져야 하는지만 알면 된다.

당신을 진심으로 사랑하는 남자 vs.
단순히 투자하는 남자

··· 부양하는 남자와 단순히 투자하는 남자 사이에는 확실한 차이점이 있다는 것을 이해해야 한다. 이미 말했다시피 당신을 진심으로 사랑하는 남자는 다음 세 가지 행동을 할 것이다. 당신에 대한 사랑을 공개적으로 언급하고, 어떻게든 당신을 보호하고, 자신에게 남는 것이 아무것도 없는 한이 있어도 당신을 부양한다. 그는 사소한 것들에 돈을 쓰지 않고 남은 것을 전부 갖고 당신에게 향할 것이며, 당신이 손해를 입고 나머지는 자신이 다 갖는 이기적인 행동은 하지 않을 것이다.

만약 그가 진정한 남자라면 당신을 부양하는 책임을 이행할 때까지 자기 자신을 위해서는 돈을 쓰지 않으며 당신보다 먼저 희생하려 할 것이다. 당연히 아이들 교육비를 내야 하는 것을 안다면 골프채나 근사한 옷은 사지 않을 것이다. 그는 자신이 필요한 걸 포기하는 한이 있더라도 당신을 부양하는 것이 사랑하는 여자에 대한 진실한 사랑을 보여주는 것이라고 여긴다.

싸구려 보석과 자질구레한 장신구는 사 주지만 당신이 진심으로 원하는 진정한 관계, 일부일처의 관계, 사랑하는 관계로 나아가지 않는다면 그는 당신을 이용하는 것이다. 집세와 자동차 할부금을 지불하는 것은 오직 보답으로 무언가를 기대하기 때문이며 그가 원하는 것을 가지면 그는 사라진다. 그가 지원하는 각종 후원으로 감사함을 느낄지도 모르지만, 실제로는 당신이 그의 계획대로 움직여주고 있는 것이다. 그는 당신의 친절함, 섹스, 사랑, 애정을 얻음으로써 끊임없이 잔소리하는 아내나 여자 친구, 직장 내의 치열한 경쟁에서 받는 스트레스 등에서 벗어난다.

그가 당신에게 돈을 쓰고 당신은 자신의 모든 것을 그에게 주는 동안, 당신은 남자를 보는 조건과 기준을 타협하게 되고, 당신을 진심으로 사랑해줄 이해심 깊은 남자와 관계를 맺을 기회를 놓친다. 그는 당신에게 안기면 평온을 찾을 수 있기 때문에 당신과 함께 있는 거라고 말하지만, 정작 당신은 어떤 평온도 찾지 못한다.

진정한 선수는 당신의 욕구를 어떻게 갖고 놀지 훤히 꿰고 있다. 그는 여자에게는 삶을 공유할 누군가가, 안정을 느끼게 해줄 누군가가 필요하다는 사실을 아주 잘 알고 있다. 물론 이 두 가지가 여자의 인생에서 가장 중요한 것들이라고 단언할 수는 없지만, 적어도 내가 만났던 모든 여자들은 위 두 가지를 매우 중요하게 생각했다. 이런 것들을 파악하고 있는 사냥꾼 남자들은 위 두 가지를 충족시켜준다는 착각을 심어주면 당신에게서 원하는 모든 것을 얻을 수 있다는 사실을 알고 있다.

슈가대디는
결국 떠난다

••• 물론 세상에는 후원받는 것 이상은 바라지 않는, 그러니까 아무런 의무 없이 남자의 현금을 받는 것만 원하는 여자들도 있다. 이런 여자와 기꺼이 관계를 맺으려는 남자도 제법 많은데, 그 이유는 그녀가 돈 외에는 아무것도 원하지 않는다고 주장하는 것처럼 그도 섹스 외에는 아무것도 원하지 않기 때문이다. 남자들의 세계에서는 익숙한 일이다. 이 경우 일단 모든 지불을 끝내고 격정적인 순간이 왔다 가면, 남자는 당신과의 관계를 끝낸다. 이때 당신이 감정적인 것을 바라지 않는다면, 남자 역시 아무것도 바라지 않는다. 남자는 바보가 아니다. 돈 때문에 자신이 이용당하면 바로 알아챈다. 하지만 일부 남자들은 기꺼이 이런

관계에 발을 들여놓는다. 단, 그는 당신과의 관계가 지루하다고 생각하는 순간 더욱 흥미를 끄는 여자, 혹은 그의 마음을 알아주는 여자에게로 간다. 이 게임을 주도하는 사람은 남자이며, 그는 무슨 일이 일어나는지 알고 있다.

　　당신이 그에게 뭔가를 기대하는 순간, 당신은 곤경에 빠진다. 그가 뭐든지 다 사 주고 해주는 것에 만족할 수도 있지만 궁극적으로는 그의 진실한 감정을 갈망하게 된다. 안타깝게도 당신은 그의 마음을 얻지 못할 것이다. 그의 휴대전화 번호는 알지만 집으로는 전화할 수 없거나, 멋진 곳에서 데이트를 즐기지만 정작 그가 사는 집에는 갈 수 없을 수도 있다(이 경우 이미 다른 누군가와 동거 중이거나 혹은 유부남일지도 모른다). 당신은 결코 그의 가족을 만나거나 그의 가장 친한 친구와 더블데이트를 할 수 없다. 그는 돈을 아끼지 않지만, 자신의 삶을 당신과 공유하지 않는다.

　　당신은 그에게 진지한 교제 상대가 되지 못한다. 그는 당신을 보호하거나, 공언하거나, 부양하지 않을 것이며, 당신에 대한 사랑을 진심으로 보여주거나 증명하지도 않을 것이다. 더 큰 문제는 당신을 사랑하지도 않는 남자에게 빠져 있으면, 당신 주변에 있는 이상형에 가까운 남자를 알아보지 못하게 된다는 것이다. 기꺼이 당신을 제 시간에 데리러 오고, 그의 친구들에게 당신을 소개시켜주고, 말한 것은 지키는 성실한 남자지만, 고급스러운 액세서리를 사 주거나 당신의 집세를 낼만한 돈은 없는 남자를 놓칠 것이다. 당신을 신심으로 이해하고, 진정한 진절을 베풀며, 진지한 자세로 당신을 만날 준비가 되어 있는 남자는 기회조차 갖지 못한다. 왜? 당신은 이미 자동차 할부금과 집세를 대신 지불해준 남자의 현금에 마음이 팔렸으므로.

당신이 궁극적으로 원하는 것이 단단하고 안정적이고 애정이 바탕이 되는 관계라면 자동차 할부금과 집세가 무슨 가치가 있겠는가? 그렇다면 어떻게 해야 슈가대디에게서 벗어나 본질을 찾을 수 있을까? 그것은 다름 아닌 당신만의 기준과 조건을 정립하는 것이다.

장담하건대 당신이 "달콤하지만 가벼운" 관계를 맺으려 한다면 남자는 슈가대디처럼 행동할 수밖에 없다. 내 말을 믿어도 좋다. 나는 이러한 상황을 수백만 번은 봐왔다. 내 주변만 봐도 제법 오랫동안 슈가대디 노릇을 해왔던 친구들이 많다. 그중 한 명은 전국 방방곡곡을 돌아다니면서 소위 끝내주는 여자들을 함대 한 대에는 족히 태울 수 있을 정도로 많이 만났다. 그는 만나는 여자들에게 아무것도 하지 않았다. 그가 그들을 만나며 신경

쓴 거라곤 오직 비행기 출발 시간과 도착 시간이 전부였다. 사랑을 공언하지도 않고, 가족들을 만나게 해주지도 않았으며, 연락 없이 그의 집에 오게 하지도 않았다. 그들은 그의 인생을 공유할 수 없었다. 그는 단지 각종 후원을 할 뿐이었다.

그 무렵 친구는 한 여자를 만났다. 그녀는 처음부터 그에게 가볍게 남자를 만날 생각이 전혀 없다고 분명히 밝혔다. 그녀는 그가 얼마나 버는지, 혹은 그의 직업이 무엇인지에는 관심이 없었다. 단지 자신을 사랑하는 성실한 남자를 원했다. 그녀는 그가 하루가 멀다 하고 갖다 바치는 갖가지 선물로는 자신의 마음을 살 수 없다고도 말했다. 그녀의 매입 가격은 조금 높았다. 그녀는 그가 자신을 어떻게 대해야 하는지, 그리고 그의 사랑을 어떻게 보여줘야 하는지 설명했다. 그는 예상 밖의 상황에 잘 대처했다. 맹세하건대, 이런 여성과 살려면 검열관과 함께 산다는 각오가 있어야 한다. 즉 그가 그녀를 만나기 전에 어떤 인생을 살았던 간에 그녀 옆에 있고 싶으면 그녀가 원하는 것을 해야 한다는 뜻이다. 그녀는 그가 바르고 재빠르게 행동하지 않으면 뒤도 돌아보지 않고 떠날 사람이기 때문이다.

바로 이깃이 진실하고 가치 있는 관계를 원하는 당신이 가진 힘이다. 무엇인가를 달라고 남자를 설득하는 것은 힘이 아니다. 장담한다. 슈가대디와 계약을 맺으면 당신의 행복이 미뤄질 뿐이다. 슈가대디는 결국 떠난다. 그런 관계는 대부분 일시적이다. 물론 소수의 남자들은 진심으로 당신을 도우려고 하지만, 대부분의 남자들은 단지 놀면서 시간만 때울 뿐이다. 그에게 도움을 받고 있지만 관계가 앞으로 나아가지 않는다면, 이를테면 그가 수시로 연락이 안 되고, 오겠다는 말만 하고 지속적으로 나타나지 않으며, 당신을 신붓감이 아닌 먹잇감처럼 대한다면 당신은 이용당하는 것이다.

그렇다고 해서 남자가 당신에게 주는 선물을 받지 말라는 뜻은 아니다. 그는 당신이 꿈에 그리던 남자일 수도 있고, 당신에게 좋은 것을 주고 싶은 순수한 마음을 가진 남자일 수도 있다. 이때 당신이 알아야 할 사실은 그가 당신에게 무언가를 주는 이유는 원하는 것이 있어서라는 것이다. 당신이 할 일은 그가 줄 수 있는 진정한 선물이 무엇인지 그에게 알려주는 것이다. 당신이 열린 마음으로 기꺼이 받아들일 수 있는 것은 물질이 아니라 진정한 사랑이다. 그가 이것을 줄 수 없다면 즉시 그를 떠나라.

당신이 원하는 것을 얻으려면 반드시 이렇게 해야 한다. 두려워하지 마라. 이 남자가 오직 물질적인 것만 주면서 당신이 원하는 것과 필요로 하는 것은 주지 않는다면, 또 진지하게 만날

만한 유형의 남자가 아니라는 판단이 선다면, 그를 떠나야 한다. 그리고 마음의 문을 열고 더 나은 남자, 즉 당신과의 사랑을 공언하고 당신을 존중하며 당신이 원하는 것을 주려 노력하는 남자를 찾아라.

PART 2.

남자 만나기

아무한테나
반하지
마라

당신을
사랑하지 않는 남자,

그래도
떠나지 않는 여자

당신은 몇 년간 데이트를 해왔다. 당신의 여자 친구들, 언니, 여동생, 심지어 원수 같은 친구조차 이제는 결혼해서 정착할 때가 되었다고 조언하지만 그는 시간만 질질 끌 뿐이다. 어디서 많이 들어본 이야기인가? 그가 왜 진작 진도를 더 나가지 않는지 알아내려고 노력하는 사람은 당신만이 아니다. 많은 싱글 여성들이 거의 매일 TV쇼와 여성 잡지, 그리고 여자 친구들끼리 놀러 간 스파에서 남자들이 헌신하지 않는다고 끊임없이 토로한다.

사실 남자는 결혼에 관심도 없고 신경 쓰지도 않는다. 다수의 통계 자료도 이를 뒷받침한다. 예를 들어 미국 인구조사국US Census Bureau이 조사한 2008년 미국의 가족과 생활 현황은 미국에 살고 있는 15세 이상의 결혼한 남성과 여성의 비율이 50퍼센트 정도에서 크게 벗어나지 않는다는 것을 보여준다. 이것은 결혼 적령기에 이른 상당수의 여자들이 아직 결혼반지를 끼지 않았으며, 역시 결혼적령기에 이른 약 46퍼센트의 남자들도 마찬가지라는 것을 의미한다. 결혼식장으로 향하는 남자와 여자의 수는 매해 조금씩 줄어들고 있다. 결혼 파트너를 찾을 가능성에 빨간 불이 켜진 것이다.

결혼을 원하는 당신에겐 끔찍한 시대다.

결혼하는 남자 vs.
결혼을 피하는 남자

··· 남자들은 태어날 때부터 많은 여자들을 만나고 충분히 즐기라는 얘기를 들으며 자라왔다. 그러다 몇몇 남자들은 나이가

들수록 싱글 라이프에 만족하며 결혼을 무기한 미루거나 아예 결혼을 인생 계획에서 제외시키기도 한다. 그 이유는 이렇다. 여자와 결혼하는 것보다 동거나 장기 연애 등의 방식으로 같이 사는 게 더 쉽다. 아이를 가지는 것보다 지금이 더 편하고 좋다. 싱글이면 더 많은 섹스를 할 수 있다. 결혼에 실패해서 위자료를 지불하는 것보다 싱글로 사는 게 돈이 덜 든다. 남자는 경력을 쌓고 은행 계좌에 돈을 모은 후에야 아내와 아이들에 대한 책임을 생각한다. 그런데 평생 능력 있는 싱글로 살면 다양한 여자들을 만나며 섹스도 더 많이 할 수 있는데, 굳이 이 상황을 바꾸거나 타협할 필요가 없는 것이다.

완벽하게 합리적인 이 모든 이유를 비롯해 결혼하라고 강요하는 누군가의 압박이 전혀 없는 점을 고려한다면, 결혼적령기에 이른 남자의 반이 결혼하지 않았다는 통계는 사실 놀랄 일도 아니다. 하지만 이것이 남자가 한 여자에게 헌신하지 못하는 것을 의미하지는 않는다. 사실 남자는 많은 것들에 헌신한다. 티타임, 친구들과 하는 농구 경기, 해야 하는 일(직업), 대출금, 임대계약, 자동차 할부금, 친구들, 그리고 맞다, 사랑하는 여자.

남자는 그 순간 헌신하지 않으면 이후 나쁜 결과로 이어져 자신의 인생에 영향을 미칠 것을 알고 있기 때문에 확실한 이유가 있다면 자신이 해야 하는 일들을 해낸다. 반대로 확실한 이유가 없다면 아무것도 하지 않는다.

그는 친구들과 함께하는 주말 농구 경기에 늦으면 다음 경기까지 뛸 수 없다는 걸 알기 때문에 제 시간에 약속 장소에 가려고 노력한다. 또 지각하면 인사 고과에 반영되어 연봉이 깎이는 걸 알기 때문에 일터에 제 시간에 도착하는 데 헌신하고, 집세를 늦게 내면 벌금을 내거나 쫓겨나는 걸 알기 때문에 제때 집세를 내는 데 헌신하며, 자동차 할부금을 내지 않으면 차가 압류될 수 있다는 걸 알기 때문에 제때 할부금을 내는 데 헌신한다.

남자는 이런 약속을 날려버릴 때 벌어지는 골치 아픈 결과 때문에 이것들을 지킨다. 사랑하는 여자와의 약속을 이행하지 않으면(헌신하지 않으면) 그녀를 잃을 것을 아는 남자도 마찬가지다. 여기서 잠시, 현실적으로 생각해보라. 통계에 따르면 결혼 적령기의 남자 절반이 결혼하지 않았지만, 나머지 절반은 식장에 들어가 사랑하는 여자와 영원히 사랑하며 살 것을 맹세했다. 왜일까? 많은 남자들이 사랑하는 여자에게 헌신할 수 있으며, 실제 그렇게 하고 있기 때문이다. 이들은 삶에서 자신의 위치를 부끄러워하지 않고, 슈가대디도 아니며, 책임을 갖거나 자유를 잃는 것을 두려워하지도 않는다. 그들은 서로 반지를 교환한 사랑하는 여자와 결혼했거나 결혼할 예정이다. 이때 남자가 가정을 이뤄 헌신할 수 있느냐 없느냐만큼 중요한 것은 여자가 연애 과정에서 관계를 이어나가는 조건이 결혼임을 알렸느냐 알리지 않았느냐이다.

나를 구제불능 낭만주의자라고 불러도 좋지만 나는 당신의 남자가 어딘가에 있으며, 그와 단단하고 안정적이고 애정을 바탕으로 하는 관계를 맺는 것이 여전히 가능하다고 믿는다. 하지만 여기서 문제가 생긴다. 그런 남자를 찾는 것은 결국 당신에게 달려 있기 때문이다. 나도 안다. 이러면 모든 책임이 당신에게 고스란히 옮겨간다. 하지만 이것이 현실이다. 짝을 찾는 것은 온전히 당신의 몫이며, 당신에게 진정한 주도권이 쥐어져 있다.

남자는 당신의 허락 없이는 당신과 대화할 수 없고, 키스를 할 수도 없고, 손을 잡을 수도 없다. 또 당신의 집에 전화할 수 없고, 당신을 데리고 나갈 수도 없다. 상황 종료다. 실제, 남자는 당신 없이는 의미 있는 단계로 나아가지 못한다. 여자는 남자가 지닌 최악의 본능을 억제시킨다. 당신은 남자 몸에 붙어 있는 도덕적 잣대와 같아서 남자의 정신이 온전한 상태로 유지될 수 있도록 한다. 흥청대며 술을 마시는 형편없는 생활에서 빠져나오게 한다. 사랑하고 존경하는 여자가 없다면, 적지 않은 남자들이 하루 종일, 아니 앞으로 30년 내내 바보 같은 짓을 하는 통제 불능의 철없는 아이로 살 것이다. 가진 돈을 탈탈 털어 스트리퍼와 매춘부에게 쓰고, 거의 매일 술을 마시고, 바보짓을 하며, 부적절한 행동을 할 것이다.

남자는 당신이 필요할 뿐만 아니라 당신을 원한다.

하지만 당신이 한 남자와 단순히 한 번 만나는 것 이상의 관계를 맺길 원한다면 당신의 마음을 얻는 방법을 보여줘야 한다. 그가 당신 마음에 닿을 수 있게 해야 한다. "많은 것을 받은 자에게는 많은 것이 요구될 것이다"라는 성경 구절이 있다. 그가 당신에게 헌신하길 바란다면, 이 구절을 당신의 좌우명이자 작업 방식으로 삼을 필요가 있다. 당신은 해줄 게 많고 두 사람을 위해 당신의 힘을 이용할 생각이 확고하다는 걸 알려야 한다. 다만 아무 남자한테 에너지를 쏟지는 마라. 이어지는 조언들은 그가 당신의 조건을 충족시키는 경우에만 해당된다.

당신에게 헌신할 남자는
그냥 오지 않는다

✢ 1. 원하는 남자를 만나려면 준비가 필요하다

나는 오래전 어머니가 내게 전해준 축복에 대비하는 법에 대한 가르침을 결코 잊지 못할 것이다. 나는 부모님과 함께 살면서 내 길을 찾으려 애썼고, 새 차를 구입하려고 준비하고 있었다. 물론 집의 진입로 콘크리트 블록 위에 오래된 차가 한 대 있었지만, 꽤 오래전부터 새 차가 필요하다고 느끼던 터였다. 나는 용돈을 모으며 틈틈이 자동차 대리점을 돌아다니고 부족한 돈을 채우기 위해 구인 광고를 확인했다. 가족과 함께 아침 식사를 하던 어느 날 아침, 나는 부모님의 지원을 기대하면서 말을 꺼냈다.

"어머니, 저는 정말 열심히 일했어요. 이제 새 차를 사려고 해요."

처음에 그녀는 아무 말도 하지 않고 고개를 끄덕이기만 했다. 그러더니 이내 다음 사실을 상기시켰다.

"너의 오래된 차가 블록 위에 세워져 있잖니."

며칠이 지난 후, 어머니에게 내 목적을 다시 알리고 또 알렸지만 그녀는 여전히 고개를 끄덕이며 했던 말만 되풀이했다.

"너의 오래된 차가 블록 위에 세워져 있어."

아무리 생각해도 평소에 아낌없이 지원해주던 어머니가 새 차를 산다는 내 계획에는 왜 이토록 무관심해 보이는지 이해할 수 없었다. 새 차 이야기를 꺼낼 때마다 "너의 오래된 차가 블록 위에 세워져 있다"라는 대답만 돌아올 뿐이었다. 같은 대답만 반복해서 듣던 나는 어느 날 솔직하게 맞섰다.

"어머니, 어떻게 매번 제가 새 차를 원한다고 말할 때마다 오래된 차에 대해 말하는 겁니까?"

그녀는 처음에는 가만히 있었다. 그러다 이렇게 말했다.

"신께서 새 차를 주신다면 어디에 놓을 거니? 오래된 차가 블록 위에 세워져 있어. 신에게 무언가를 요청할 거면 그가 그것을 주었을 때 받을 준비도 마땅히 해야지."

놀라운 점은, 그녀의 말이 세상에서 일어나는 모든 일에 통한다는 것이다. 오래된 차가 진입로의 공간을 차지하고 있었기 때문에(쓰레기처럼), 나는 새 차를 살 준비가 되지 않았다. 심지어 에드 맥마흔이 새 차를 타고 왔다고 해도 내 쓰레기를 치울 때까지는 차를 놓을 공간이 없었을 것이다. 나는 사람을 불러 25달러를 주고 차를 견인해달라고 했다. 그러고는 호스로 콘크리트 위를 씻어내고 새로운 아스팔트를 깔고 블록을 청소한 후 새 차를 위한 진입로를 확보했다. 두 달 후, 나는 내 새 차를 멋지고 깨끗한 진입로로 몰고 가면서 신에게 감사드렸다. 마침내 나는 그것을 받을 준비가 되었다.

서로에게 헌신할 수 있는 관계를 찾는다면 반드시 축복에 대비하는 법을 알아야 한다. 당신의 마음속 진입로 위가 온갖 쓰레기, 즉 당신에게 못되게 굴던 마지막 남자나 당신이 놓지 못했던 전 남자 친구들이 남긴 온갖 앙금으로 가득하다면, 당신은 결코 원하는 남자를 얻을 수 없다. 또는 당신의 상대가 아니라는 걸 알면서도 미처 헤어지지 못하고 관계를 지속하는 한, 당신 마음속에는 그 누구도 들어올 수 없을 것이다. 당신은 이 남자는 아니라는 걸 알면서도 이따금씩 연락을 할 것이고, 가끔은 기분 좋게 무언가를 도모하기도 할 것이다. 하지만 당신은 여전히 외롭고, 당신이 그를 필요로 할 때 그는 곁에 없으며, 스스로도 이 관계가 오래가지 않을 걸 알고 있다. 그는 한마디로 블록 위에서 공간만 차지하고 있는 오래된 차와 다름없다.

혹은 좋은 남자들은 모두 임자가 있다는 통념에 매달려 진지한 관계에 집중하기보다 줄 서 있는 남자들과 "노는" 것이 더 좋다고 생각하거나, 과거 잘못된 관계에서 받은 상처 때문에 마음의 문을 닫지는 않았는가. 이런 부정적인 생각들 때문에 새로 누군가를 만나더라도 당신은 그의 좋은 점이나 장점 대신 단점만 앞세워 찾게 되고, 상처받지 않기 위해 최악의 상황에만 대비하게 된다.

이제 새로운 남자가 당신 마음을 아프게 할 거라는 신호는 그만 찾아라. 또 단순히 시간만 낭비하는 남자와 함부로 성적 관계를 맺거나 이혼으로 인한 아픔과 분노에 매달리지도 마라. 당신 마음속 쓰레기를 모두 끌어내고, 당신이 만날만한 가치 있는 남자를 만날 준비를 하라.

÷ 2. 어떤 남자를 만나고 싶은가? 실현 가능한 기준과 조건을 세워라

우선 남자를 부정적으로 그리는 고정관념을 버리자. 널리 알려진 믿음과 수많은 나쁜 정보와 달리 주변에도 좋은 남자는 많다. 여자들이 남자에 대해 공유하는 몇몇 이야기만으로는 남자를 전부 알 수 없다. 이를테면 좋은 남자는 이미 임자가 있고, 남자는 헌신하기보다는 늘 놀고 싶어 하며, 최대한 많은 여자와의 섹스를 원하고 상대의 감정을 신경 쓰지 않는다 등등. 만약 이런 이야기를 너무 들어서 당신의 마음속에 이미 자리 잡았다면 남자

를 만나기 전에 먼저 남자에 대한 부정적인 고정관념을 버려야
한다. 특정한 이미지가 마음속에 선명하게 새겨지면 갑작스럽게
당신 앞에 나타난 남자를 대하는 당신의 태도나 표정에도 영향
을 미친다.

만남이 어떻게 진행되는지는 당신도 알 것이다. 어느 화창
한 토요일 오후 당신은 공원에서 그를 만났다. 태양은 밝게 빛나
고 새들은 지저귀며, 그는 당신이 생각한 것만큼 매력적이고 재
밌고 지적이며 잘생겼다. 그러다 그가 단 한 번 답변을 잘못한
순간, 당신은 그가 어떤 사람인지 추정하고 그에게 보였던 긍정
적인 태도를 순식간에 바꾼다. 당신의 미소가 화로 변하고, 용기
가 좌절로 변하고, 희망이 우울로 변한다. 예를 들면 그가 조만
간 결혼하고 싶지 않다고 말했거나 지금 아이를 원하지 않는다
고 말했기 때문이다. 그는 아마도 다음과 같은 의미에서 말했을
것이다. "학교를 졸업하기 전에는 결혼하고 싶지 않아." 하지만
남자와 헌신에 대한 고정관념에 사로잡힌 당신에게는 이렇게 들
린다. "난 영원히 결혼하고 싶지 않아."

요컨대 당신은 꼭대기에 가시철조망을 두른 20피트 높이
의 벽돌담장을 세운다. 장담하건대 그곳을 기꺼이 오르려고 할
남자는 드물다. 당신의 표현과 접근 방식, 에너지는 환영받지 못

하며, 당신이 보여주는 그 어떤 것도 미래의 구혼자에게 '나는 충분히 사랑할 준비가 된 상태'라고 말하고 있지 않다.

내 말을 오해하지는 마라. 기준을 갖는 게 나쁜 게 아니다. 실제 나는 당신이 기준을 가질 권리가 있다고, 아니 남자와 진지한 관계를 맺기 위해서는 반드시 가져야 한다고 말해왔다. 하지만 당신의 기준과 조건이 당신이 어떤 사람이고 상대에게 무엇을 줄 수 있는지에 상응하는가? 상응하지 않는 조건에 마음을 줄 남자들은 많지 않다.

〈오프라 윈프리 쇼〉에 출연했다가 만난 한 여성 청중은 자신은 남자를 보는 데 236개의 기준과 조건이 있고, 자신을 만나려면 누구나 그 기준을 충족시켜야 한다고 말했다. 그녀가 말한 조건 중 하나는 적어도 6피트 4인치(약 193센티미터)의 키에 좋은 체격과 빨래판 복근이 있는 남자였다. 그 말을 들으며 나는 속으로 이런 생각을 했다.

'내가 그 정도 키에 좋은 체격과 빨래판 복근이 있으면 절대 작고 통통한 사람을 선택하지 않을 것 같은데? 내가 닭가슴살만 먹으며 헬스장에서 힙업 운동을 하는데, 당신은 기름기가 줄줄 흐르는 돼지 갈비를 먹는다고? 그럴 순 없지, 아가씨.'

물론 당신은 당신과 사귀려면 가시철조망을 두른 20피트 높이의 울타리를 넘어야 한다고 남자에게 요구할 수도 있다. 하지만 그는 담장을 넘을 때마다 '젠장, 이 높은 담을 넘으라고 하면서 당신이 가진 건 이게 전부라고?' 하고 생각할 것이다. 당신은 신발 가게에서 일하는데 그가 왜 백만장자가 되어야 하는가? 당신은 2년제 대학을 중퇴했는데 왜 그는 3개의 학위가 있어야 하는가? 성격 테스트를 받으면 '제멋대로인, 공격적인' 같은 결과지를 받으면서, 왜 그는 친절하고 다정하고 상냥하며 당신을 존중해주길 기대하는가? 사람들은 당신의 기준이 지나치게 높다고 느낄 때 위와 같이 생각한다.

그렇다고 기준이나 조건을 전부 낮추거나 없애라는 의미는 아니다. 당신의 마당에 고작 1피트의 울타리를 세워서 아무나 잔디밭 위를 걸어 다니게 하지는 마라. 당신이 기준과 조건을 세우지 않으면 남자는 아무 문제없이 당신과의 약속을 어길 수 있고, 바로 전화를 주겠다고 하고는 반나절 만에 전화한 뒤 섹스를 하기 위해 한밤중에 나타날 수도 있다. 당신은 근본적으로 헌신이 중요하지 않은 누군가에게 혹사 당하는 관계를 맺은 셈이다. 내 말을 믿어야 한다. 남자가 노력 없이 당신을 가질 수 있다고 생각하면 당신은 그에게 헌신적인 대우를 받지 못한다.

당신이 진심으로 좋은 남자와 진지한 관계를 맺고 싶다면 당신의 마음에 4피트 정도 높이의 울타리를 둘러야 한다. 당신의 기준을 이런 식으로 올리는 것이다.

'모든 사람이 내 마당에 와서 놀고 춤출 수 없어. 무례하게 행동할 거면 거리로 나가서 다른 누군가의 마당으로 가버려.'

이 같은 기준과 조건을 갖고 있으면 그는 당신을 존중하는 마음으로 대할 것이고, 무엇보다 이 마당에 들어오려면 당신에게 헌신해야 한다는 사실을 인정하게 될 것이다.

당신이 여전히 그의 곁을 얼씬거리는 이유

… 여자는 어린 시절 디즈니 영화를 볼 때부터 번쩍이는 갑옷을 입은 기사가 커다란 백마에 그녀를 태운 뒤 꽃이 만발한 결혼식장에 데리고 가서 사람들의 환영과 축복 속에 왕자님과 해피엔딩을 맞이하는 로망을 기대하게끔 프로그램되어 있다. 당신은 아주 어렸을 때부터 이 이야기를 들으며 성장했다. 결혼을 하고 가정을 꾸리고 사랑하는 누군가와 함께 늙어가기를 기대해야 한

다고.

행복한 가정을 꿈꾸는 건 아무 문제가 없다. 그것이 꼭 동화 같은 이야기일 필요는 없기 때문이다. 하지만 발전의 가능성이 전혀 없는 관계에서 벗어나지 못하고 있다면, 가정을 꾸려 행복하게 살고 싶은 당신의 꿈은 결코 이뤄지지 않을 것이다. 서로를 비참하게 만드는 관계 속에서 상처를 받더라도 당신이 탓할 수 있는 사람은 자신뿐이다. 가혹한 일이다. 나도 안다. 하지만 사실이다.

만약, 당신이 당신을 온전히 사랑하지 않고, 당신에게 헌신하지 않을 남자와의 관계에 얽매여 있다면 부탁하건대, 다음 사실을 인지했으면 한다. 만약 당신이 그에게 내 곁에 머물려면 확고한 헌신, 즉 결혼을 전제로 한 진지한 만남이 필요하다고 분명하게 밝힌다면, 당신을 원하는 남자라면 허리에 휘발유가 든 양동이가 묶여 있어도 당신을 위해 불구덩이에 뛰어들 것이다. 하지만 그에게 원하는 바를 말하지 않고 계속 곁에 있도록 내버려두면서 "아무도" 없는 것보다 "누구라도" 있는 게 낫다는 가정하에 관계를 맺는다면 당신은 그저 남자의 일부만을 얻을 뿐이다.

남자도 당신이 왜 떠나지 않는지 알고 있다. 당신은 심지어 데이트하면서 결혼이라는 단어조차 입에 올린 적이 없을지도 모른다. 그럼에도 혼자 사는 위험을 무릅쓰기보다 그의 곁에서 조금이라도 행복한 게 낫다고 합리화한다. 하지만 내가 왜 온전히 나를 사랑하지 않는 그의 곁을 떠나지 않는지 감정적으로 접근하지 말고 논리적으로 생각해야 한다. 만약 다음 네 가지 이유 중 하나 때문에 그의 곁에 있는 거라면, 그 관계는 당신에게 최선이 아니다.

✢ 1. 아이들 때문에 그의 곁에 있다면

먼저 당신을 칭찬한다. 이것은 고귀한 행동이다. 모든 아이들은 아빠가 있는 가정에서 자라야 하며, 아이들이 온전한 가정에서 자라길 바라는 건 매우 자연스러운 엄마의 양육 본능이다. 여기에는 가치가 있다. 하지만 아이가 매번 엄마의 비참한 모습을 본다면 그 아이가 얻는 가치가 무엇일까? 당신이 모든 요리를 하고, 매번 청소를 하고, 모든 양육을 하고, 모든 노력을 하고, 그 대가로 원하는 것과 필요한 것을 돌려받지 못한다면 이것은 누구를 위한 것인가? 만약 당신의 아이가 사랑과 존경이 무엇인지 모르고 자란다면 위태로운 부부관계를 유지하는 것이 과연 아이에게도 이익일까? 나는 부부관계가 위태로운 한 여성이 아이들이 학교를 졸업할 때까지만 관계를 유지하다 떠날 거라고 말하는 것도 들어봤다. 몹시 긴 시간 동안 행복을 유예하기로 한 것이다. 그 결정이 진정 아이들을 위한 것인지도 다시 생각해봐야 한다. 그와 헤어져도 아이들은 면접 교섭권을 통해 아빠를 만날 수 있다. 그가 당신에게 필요한 헌신을 줄 사람이 아니라면, 행복을 유예하지 말고, 지금 당장 행복해질 계획을 세워라.

∻ 2. 그가 언젠가는 결혼반지를 끼워줄 거라는 희망으로 그의 곁에 있다면

우선, 반지는 오지 않는다. 그와 오랜 시간을 함께했는데 아직 청혼을 받지 못했는가? 그가 여전히 지키지 못할 약속과 변명으로 일관하는가? 그가 다음 단계로 나아가는 이야기를 원하지 않는가? 아직 준비가 되지 않았다고 말하는가? 이는 모두 당신이 결코 이루어지지 않을 희망에 매달리고 있다는 것을 보여준다. 그는 당신과 결혼하지 않는다. 당신이 두 사람의 관계를 지속하는 데 결혼이 필수라는 말을 하지 않았기 때문이다. 그가 왜 그래야 하나? 결혼하지 않아도 둘은 서로 사랑한다고 말한다. 당신은 그와 잔다. 그가 슬프면 당신은 그를 안아준다. 그리고 당신은 그의 친구들 모임이나 사무실 파티에도 함께 간다. 그는 이미 결혼의 혜택을 모두 누리고 있다. 그에겐 결혼을 해야 할 이유가 전혀 없다. 결혼을 원하는 사람은 당신이다. 그는 결혼을 원하지 않으며, 당신이 요구하기 전까지 하지 않을 것이다.

✛ 3. 섹스가 좋아서 그의 곁에 있다면

불꽃이 튀는 뜨거운 밤은 당신에게 아무것도 남기지 않고 아침이 되면 텅 빈 마음과 외로움만 준다. 그럼에도 적지 않은 여자들이 이렇게 말한다. "난 그를 참을 수 없어. 그는 진짜 도와주는 거라곤 하나도 없지만 정말, 침대에서는 온갖 빛이 휘몰아치고 하늘에 별이 뜨게 해줘!" 그가 침대에서의 기술이 매우 뛰어나다면, 희열을 느끼는 순간에 완전히 중독되고 성적으로 흥분되는 그 순간을 위해 그의 모든 단점을 눈감아주게 된다. 하지만 그는 당신을 만족시킬 수 있는 유일한 남자가 아니다. 당신이 믿을 수 없는 경험을 정말로 하고 싶다면, 당신이 마땅히 받아야 하는 방식으로 당신을 대하고, 당신이 마땅히 받아야 하는 열렬한 사랑을 주며, 당신이 진정으로 바라는 것을 채워주는 남자를 찾아라. 그런 남자를 만날 때는 느낌이 어떻게 다른지 경험해보라. 애국가만 불러도 하늘에서 폭죽이 터질 것이다! 당신이 잘못된 사람

과 느긋하게 관계를 이어가는 동안, 진정한 희열을 얻을 기회는
줄어들고 있다.

✛ 4. 돈이 좋아서 그의 곁에 있다면

당신은 당신의 행복을 최고 입찰자에게 팔았다. 그가 집안의 주
요 수입원이라고 하자. 그는 당신보다 돈을 많이 벌거나, 당신이
원하는 생활방식을 유지하는 데 중요한 역할을 한다. 그를 떠나
면 당신은 타격을 입는다. 고급아파트에서 빌라로 옮겨야 하고,
고급차를 중고 세단으로 바꿔야 하며, 걱정 없이 돈을 쓰다가 빠
듯한 수입으로 근근이 먹고살아야 한다. 하지만 이것이 당신의
행복만큼 가치가 있을까? 당신의 행복이 얼마나 가치가 있는지
가격표를 붙일 수 있을까? 그 비용이 얼마일까? 일 년에 3만 6
천 달러? 10만 달러? 100만 달러? 대궐 같은 집과 여분의 차 두
대, 고급 백화점에서의 쇼핑이 당신의 불행을 감수할 가치가 있
을까? 당신이 그를 떠나면 재정적인 손해는 있겠지만, 그렇게 함
으로써 얻을 행복과 마음의 평화, 그리고 자존감은 값을 매길 수
없을 만큼 소중하다.

진지한 관계를 원한다면
당신이 무엇을 원하는지 알려라

... 일단 당신이 원하는 것을 주지 않는 남자에게 매달리는 일이 얼마나 터무니없는 일인지 깨달았다면 용감하게 다음 단계로 나아가야 한다. 즉 당신의 인생을 건 도박을 끝내야 한다.

결혼은 단순히 예쁜 웨딩드레스를 고르고, 웨딩파티에 누구를 초대할지 고민하고, 다이아몬드 반지가 몇 캐럿인지 결정하는 일이 아니다. 당신이 법적으로 이 남자와 묶여 있음을 증명하는 서류와 함께 많은 권리가 생겨난다. 남편에게 무슨 일이 일어나면 사회보장제도에서 그의 아내와 아이들에게 수당을 지급한다. 그가 아플 때 병원에서 중대한 의사결정을 내려야 한다면, 여자 친구는 그와 얼마나 오래 만났든, 그와 얼마나 속 깊은 대화를 나눴든 상관없이 어떤 의사결정권도 가지지 못한다(관습법상의 예외는 있지만). 하지만 아내는 다르다. 만약 남자가 오래 만난 여자와 헤어지고 자신의 부를 축적하려고 한다면 전 여자 친구는 그들이 함께 모은 돈에 대해 요구할 권리가 없지만, 결혼을 했다면 재산의 반을 갖는다.

왜 인생을 걸고 도박을 하는가? 내 말을 믿어라. 그는 가진 게 많다. 당신을 가졌고, 당신과 섹스를 하고, 당신에게 정신적 지지를 받고, 원할 때면 언제든 떠날 자유도 있다. 당신도 원하는 것을 가져야 하지 않을까? 그가 헌신하기를 바란다면 그가 당신이 언제든 떠날 수 있다는 걸 알아야 한다. 그렇지 않으면 대부분의 남자는 자발적으로 결혼식장으로 향하지 않는다. 부모는 아이들에게 매일 같이 이런 말을 한다. "지금 이걸 하지 않으면 큰일 날 거야." 하지만 아이들은 부모의 말을 바로 듣지 않는다. 실제 어떤 큰일이 나는지 알기 전까지는 계속 부모를 시험할 것이다. 남자를 아이와 비교하기는 싫지만 아이와 비슷한 점이 있음을 인정하지 않을 수 없다.

따라서 그와 진지한 관계를 원한다면, 그에게 당신이 원하는 것을 주지 않으면 그가 홀로 남겨질 거라는 사실을 알려라. 남자는 절대로 이유 없이 어떤 것을 하지 않는다. 남자가 어떠한 일을 하는 이유는 이성의 관심을 얻기 위해서다. 이것은 남자의 가장 중요한 신조이다.

소년이 학교에 가는 이유는 대학에 가면 그곳에 소녀들이 있는 걸 알기 때문이다. 대학에 가고 학위를 받으면 좋은 연봉을 받는 직업을 가질 수 있고, 그러면 여자의 마음을 끌 수 있다. 소년은 어딘가에서 소녀가 자신을 보고 있다는 것을 알면 더 빨리

달리고 더 높이 오르고 더 높이 뛴다. 그들은 녹초가 될 때까지 뛸 것이다. 정말이다.

최근 가족끼리 휴가를 갔을 때 아들 윈톤은 누나 로리와 함께 해변에 있었다. 두 명의 브라질 소녀가 물속에 뛰어들자 그는 수중에서 물구나무서기를 하기 시작했다. 윈톤은 소금이 눈에 들어가자 앞을 제대로 보지 못하고 숨이 막혀와 기침을 했다. 결국 나는 거의 익사하기 직전인 아들을 구하러 뛰어가야만 했다. 모두 소녀들에게 보여주고 싶어서 한 일이었다. 단지, 이성의 관심을 끌고 싶어서 무모한 행동까지 한 것이다.

남자는 나이가 들어도 바뀌지 않는다. 당신을 감동시키기 위해 어떠한 일을 할 것이고, 당신과의 약속을 지키려 노력하고, 관계를 유지하기 위해 당신의 말을 귀담아들을 것이다. 남자는 자신이 진정으로 사랑하는 여자가 다른 남자의 품에 안겨 있는 것을 결코 참지 못하기 때문이다.

당신이 최후통첩을 날리면, 그러니까 헌신을 요구하면 그가 이전과 조금은 다른 모습을 보일 수도 있다. 하지만 그냥, 떠나라. 시간을 끌기만 할 뿐 본질적으로는 당신이 제안한 것으로부터 도망치려고 한다면, 그는 처음부터 당신이 원하는 대로 할 생각이 없었던 것이다. 물론 당신은 그와 같이 있기를 원한다.

긴 시간을 함께했고, 당신은 여전히 그를 사랑하니까. 하지만 이제는 당신이 바라는 것을 분명하게 알릴 필요가 있다. 또한 그에게 헌신을 바랄 권리가 있다. 인생을 건 도박을 하고 싶지 않다면, 당신이 먼저 확고한 입장을 취해야 한다.

당신이 궁극적으로 원하는 것을 주지 않을 남자와의 관계를 정당화하기 위해 당신의 조건과 기준을 타협해서는 안 된다. 그와의 관계를 유지하기 위해 내 욕구와 필요를 묻어둔다면 당신의 행복을 찾을 수 있는 방법은 없다. 당신이 행복하지 않으면 그가 원하는 방식의 사랑을 줄 수도 없다. 그를 지지하지도 않고, 그에게 충실하지도 못하고, 그가 원할 때 섹스를 하지도 못할 것이다. 그리고 그가 이 세 가지를 받지 못한다면 결국 둘 중 한 명이 떠날 때까지 관계는 점점 더 악화된다.

그를 바꾸라는 게 아니다. 다만 그가 생각하는 과정을 이해하고, 당신의 조건을 설정하고, 그것을 확고히 해서 당신이 원하는 것을 얻으라는 것이다. 그가 당신이 원하는 것을 줄 수 없다면, 즉 그가 거부한다면 손해 보는 일에서 손을 떼라. 그리고 더 이상 당신의 인생을 걸고 도박하지 않겠다고 말하라.

그는 아마 떠날 것이다. 물론 당신을 사랑한다면 당신 곁에 머무를 것이다. 어느 쪽이든 장기적으로는 당신에게 이익이다.

세상에는 기꺼이 헌신할 수 있는 남자들로 가득하다. 지금 만나고 있는 사람과의 관계가 불안하고 의문으로 가득하다면, 당신의 기준과 조건을 활용해 관계 내에서 당신의 힘을 발휘하고, 판단이 선다면 기꺼이 떠나라. 이 여정이 쉽지는 않을 것이다. 하지만 그만한 가치는 충분하다.

✣ 남자가 헌신할 준비가 되었을 때 보내는 신호들

1. 당신과 떨어져 있을 때든 바로 옆에 있을 때든 항상 당신을 생각한다.
2. 예전 애인들이 더 이상 연락할 수 없게 전화번호를 바꾼다.
3. 당신이 그의 옷장에서 입을 옷을 골라주는 걸 허락한다.
4. 커플티를 입는다. 친구들의 비난을 감수하면서까지 커플티를 입고, 지인들 앞에서 사랑을 공언하는 남자는 당신에게 완전히 헌신할 것이다.
5. 그의 행복보다 당신의 행복을 먼저 생각한다.
6. 당신이 머리를 손질하지 않고 화장을 하지 않아도 그는 여전히 당신을 만나고 전화를 자주 한다.
7. 당신 가족들을 모두 만나고 가족 행사에도 기꺼이 참여하려

고 한다.

8. 당신의 어머니를 직접 만난 뒤에도 여전히 당신과 연인 사이를 지속할 수 있다고 생각한다.

9. 당신이 그의 가족 모두를 만날 수 있는 자리를 만든다. 이 만남이 모든 걸 바꿀 수 있다는 사실을 알면서도.

때때로,
헤어짐은

축복이다

　사랑했던 누군가를 떠나는 건 힘든 일이다. 이별은 고통스럽고, 당신의 마음에 상처를 남긴다. 하지만 시련 속에 축복이 있다. 장담한다. 당신은 그 사실을 인정하고 당신을 위해 당연한 권리를 요구해야 한다. 많은 여자들이 상대와 계속해서 부딪히고, 공통점이 거의 없고, 지향점이 다른 데도 불구하고 단지 그와 오랜 시간을 함께했다는 이유로 관계를 지속하려고 한다. 심지어 서로 좋아하지도 않는데 결혼하는 사람들도 있다. 그리고 그들은 계속 버틴다. 나는 묻고 싶다. 무엇 때문에 그 관계에 집착하는가?

당신이 그것을 그냥 내려놓는다면, 평온함에 눈뜰 수도 있다. 논쟁이 사라질 것이고, 싸움도 없어질 것이다. 고마워하지도 않는 남자에게 음식을 갖다 줄 필요도 없다. 그렇지만 우선 무엇 때문에 헤어지는지 생각해야 한다. 만약 남자가 바람을 피우고, 거짓말을 하고, 욕설을 하고, 당신 혼자 힘든 시간을 보내게 내버려두고, 계속해서 그의 행방에 의문을 품게 했다면, 떠나도 잃을 것이 없다. 혼자 될 것이 두렵고 다시 누군가와 데이트 게임을 하며 감정 소모를 하는 게 겁나겠지만, 반대로 생각하면 이 시간은 당신이 더욱 성숙하고 발전할 수 있는 유일한 시간이다. 신은 어쩌면 당신이 자유롭게 누군가를 만날 수 있게 되는 날을 기다리고 있었는지도 모른다.

축복은 당신이 원하는 사람이 되었을 때 스스로 만들어낼 수 있다. 변화에 마음을 열면 축복도 온다. 나는 내가 연기를 하는 데만 집중했다면 오늘날의 성공을 이루지 못했을 거라고 확신한다. 단지 스탠드업 코미디만 했다면 결코 〈스티브 하비 쇼〉를 진행하지 못했을 것이다. 내가 쇼를 진행하는 데만 머물렀다면 결코 라디오를 맡지 못했을 것이다. 내가 라디오에만 집중했다면 결코 책을 쓰지 못했을 것이다. 내가 책을 쓰지 않았다면 전 세계의 독자들로부터 뜨거운 호응을 받지 못했을 것이다. 나는 꾸준히 다른 모습을 보여주려고 노력했다. 그러니 당신도 자신의 다른 모습을 보여주는 걸 두려워할 필요가 없다. 다른 여자를 만나는 남자와 헤어지면 그가 지난밤에 누구와 있었는지 궁금해하며 고통의 나날을 보내지 않아도 된다. 매일 그와 논쟁하고 싸우며 화가 나 있었다면 더 이상 그로 인해 우울해하지 않아도 된다.

긍정적인 면을 생각하고 '당신'에게 집중하라. 그를 만나기 전에 당신이 좋아했던 취미를 다시 시작해보라. 함께 어울렸던 친구들을 만나라. 다른 남자를 만나기 전에 당신이 정확히 무엇을 원하는지 생각해보는 시간을 가져라. 그렇게 새롭게 태어나면, 당신은 더욱 나은 사람이 될 것이다. 당신이 나은 사람이 되면 누구의 마음을 끌어들일까? 더욱 나은 남자다. 그렇게 새롭게 태어난 당신과 당신이 만나게 될 남자가 바로 축복이다.

결혼 전
반드시 알아야 할

남자의 진짜 속마음

남자는 스스로 단순하다는 사실을 인정한다. 하지만 여자에 관한 한 까다로운 생명체가 될 수도 있다. 남자는 당신과의 관계에서 애정을 아주 조금씩 나눠주면서 감정적으로 우위의 자리를 선점한다. 당신을 침대로 끌어들이기 위해 온갖 달콤한 문자를 보내지만 그러고 나선 며칠 동안 전화 한 통 하지 않을지도 모른다. 또 한 달 내내 멋진 레스토랑에 데려가서 술을 곁들인 식사를 하며 둘의 관계가 뭔가 더 특별한 것처럼 느끼게 하지만, 정작 당신을 어떻게 생각하는지 설명해야 할 시간이 되면 입을 다물 것이다.

이처럼 남자는 여자와 진지한 관계를 원하지 않아도, 상대 여자가 '이 남자는 나를 정말 사랑하는구나' 하는 착각에 빠질만한 행동을 할 수 있다. 많은 여자들은 누군가와 헤어지고 나면, 새로운 남자를 만나 다시 시작해야 할지, 아니면 아무도 만나지 않고 혼자 지낼지 중에서 선택하는 것을 두려워한다. 이러한 두려움을 느끼는 여자에게 접근한 남자는 온갖 감언이설과 선물 공세를 하며 마음을 얻고, 관계가 부담스러워지면 발을 뺀다.

남자의 속마음을 알고 싶다면, 적절한 질문을 하라

··· 앞에서 설명했지만, 자신과 맞는 남자를 찾으려면 누군가를 잃는 두려움을 극복해야 한다. 남자는 최소한의 노력만 해도 당신을 자기 뜻대로 할 수 있고, 자기가 원할 때 언제든 관계를 끝낼 수 있다고 생각하면 헌신하지 않는다. 허무한 관계에 마음을 쏟지 않으려면 애초부터, 즉 그가 당신의 마음을 사로잡기 전

에 판단을 해야 한다. 당신이 그와 관계를 유지할지 말지를 감정적인 결정이 아니라, 현실적으로 판단해야 한다. 당신이 그 남자에게 깊이 빠지기 전에 짬을 내어 적절한 질문을 한다면 그에 대해 많은 것을 발견할 수 있다.

적절한 질문은 당신의 잠재적 배우자가 인생에서, 그리고 당신과의 관계에서 무엇을 원하는지 알아내는 데 도움을 준다. 또 그가 어떤 사람인지 실체를 파악하고, 당신이 찾고 있는 것을 그가 지니고 있는지 알아보는 데 도움을 준다. 질문에 대한 답을 들을 때에는 한 가지 기본적인 사실을 이해하고 있어야 한다. 질문이 무엇이든 남자는 항상 자신을 최고로 보이게 하는 답변을 한다는 것이다.

지금까지 만나온 남자들이 자신에 대해 이야기한 것 그대로였다면, 당신은 지금쯤 이미 당신의 왕자님을 만났을 것이다. 하지만 당신은 여전히 혼자다. 왜일까? 그렇게 완벽하고 좋은 사람은 없기 때문이다.

하지만 남자는 당신에게 누군가가 필요하고 또 누군가에게 필요한 존재가 되는 것을 갈망한다는 사실을 알고 있다. 남자는 당신이 갈망하는 남자로 보이기 위해 답변과 느낌을 조작한다. 또 자신과 함께하면 '영원히 행복하게 살 수 있다'고 꼬드긴다. 당신이 진지하게 만날 수 있는 남자를 찾고 있다고 말하면, 그는 당신만을 원한다고 말할 것이다. 그는 결코 지난 관계가 자신이 바람피워서 끝났다고 말하지 않는다. 당신이 아이들에게 잘하는 남자를 만나고 싶다고 말한다면, 그는 자신이 조카들을 얼마나 사랑하는지 자랑스럽게 이야기할 것이다.

그리고 장담하건대 당신은 첫 번째 데이트에서 남자가 자신이 신용불량이거나 집이 압류되었다거나 혹은 그가 5주 전까지 어머니와 함께 살았다는 이야기를 듣지 못할 것이다. 대신 남자는 비싸고 좋은 시계, 멋진 정장, 개인적인 파산 위기 동안 간신히 붙들고 있던 멋진 차를 보여주기 위해 엄청나게 노력할 것이다.

남자는 스스로 단점이라고 생각하는 정보를 너무 일찍 알려주면 당신이 떠날 거라고 생각한다. 그러므로 당신은 이것을 기억해야 한다. 남자는 화려한 깃털을 가진 공작이나 크고 불 같은 주황색 갈기를 가진 사자와 다르지 않다. 암컷을 유인하기 위해 화려한 깃털을 펼치는 수컷 공작이나 당당하고 자신만만해 보이는 사자처럼, 남자는 여자에게 깊은 인상을 주기 위해 돈, 차, 옷, 시계, 직업 같은 것들을 과시한다. 보이는 것은 남자에게 매우 중요하다. 이것은 남자가 물고기를 잡기 위해 물에 던지는 미끼 중 일부다. 남자는 자신이 어느 정도로 파산했는지, 직장에서 얼마나 무시당하는지, 혹은 바닥을 드러내는 통장 잔고와 같은 이야기로는 어떤 여자도 잡을 수 없다는 것을 알고 있다. 때문에 자신을 예쁜 포장지로 싸서 보여줌으로써 당신이 그를 믿을 수 있게 만든다.

여자가 상대방이 자신과 맞는 남자인지 아닌지를 결정하기 위해 던지는 몇 가지 질문에 대해 남자는 누구보다도 돋보이는 방식으로 대답한다. 당신이 약간의 설명을 더 듣기 위해 이어서 질문을 하면, 남자는 당신이 듣고 싶어 하는 말을 더욱 번지르르하게 늘어놓을 방법을 찾는다. 일단 남자가 자신이 가장 멋져 보이는 이야기를 하면, 당신은 더 많은 질문을 하려 하기보다는 그가 늘어놓는 달콤한 말에 홀딱 빠져버린다. 가정에 헌신하고 싶다, 아이들을 사랑한다, 열심히 일한다, 요리를 사랑한다 같은 말에. 이런 말을 들으면 당신은 질문을 더 하지 않고 즉시 마음속으로 이렇게 외친다.

'드디어 그를 찾았어. 드디어! 오, 신이시여 감사합니다. 내 사람을 찾았어요!'

당신은 그의 좋은 부분만 받아들이고 그것들을 묶어 내면화한다. 그리고 "이상적인" 남자와 사랑에 빠졌음을 정당화하는 도구로 사용한다. 조금만 더 깊게 그를 꿰뚫어봤다면 그가 진짜 어떤 사람인지 파악하는 데 한층 접근했을 테지만 당신은 그가 떠나버릴지 모른다는 두려움에 더 많은 질문을 하지 않는다. 그는 당신의 관심을 끌지 못할지도 모른다는 두려움 때문에 모든 진실을 말하지 않는다. 모든 사람은 단지 지금을 두려워한다. 진실이 두려워 그저 피한다.

그가 누구인지 알려줄 세 가지 질문

••• 동화 같은 이야기에 넘어가지 마라. 물론 남자가 먼저 나서서 자신의 속마음을 보여주고 진짜 정보들을 공유한다면 스스로에게도 도움이 될 것이다. 이렇게 하면 자신은 온갖 거짓말로 여자를 현혹하는 남자들과 다르다는 것을 분명히 할 수 있고 더욱 단단한 관계를 맺는 데도 좋은 계기가 된다. 하지만 대부분의 남자는 중요한 정보를 제공하는 것을 보류하는 경우가 많다. 그러한 관계는 진지하게 발전하기 힘들다. 여자가 자신이 생각지도

못했던 정보를 뒤늦게 알게 되면 남자의 의도가 무엇이었든 그에 대한 모든 것에 의문을 품기 때문이다.

그렇다면 남자는 모든 정보를 처음부터 제공해야 할까? 물론 그렇다. 하지만 남자는 처음부터 모든 진실을 말하는 것이 스스로를 약하게 보이게 할 뿐 아니라 손에 쥔 '사냥 주도권'을 빼앗기는 일이라고 생각한다. 물론 남부끄러운 일이나 치부라고 생각할 수 있는 이야기를 처음부터 당신 앞에 펼쳐놓는 남자들도 일부 있다. 하지만 매우 드물다. 안타깝게도, 진실이 무엇인지 파고들어야 하는 부담과 책임은 당신에게 있다. 그러므로 당신은 그를 더욱 깊게 파고들어 진실을 파악해야 한다.

당신은 더 이상 관계에서 피해자가 되고 싶지 않다. 그에게 놀아나는 것은 더욱 싫다. 드디어 원하는 누군가를 찾았다고 생각했는데 그가 사실은 자신이 알던 사람과 정반대의 사람이라는 걸 알게 되는 것도 싫을 것이다. 그러니 그에 대한 정확한 정보를 얻기 전에는 그에게 당신의 모든 것을 주지 마라.

그에 대해 알고 싶다면, 단 세 가지 질문만 있으면 된다.

질문1을 하면 남자를 가장 돋보이게 하는 답변을 듣게 될 것이다.

질문2를 던지면 남자가 생각하기에 당신이 듣고 싶은 답변을 줄 것이다.

질문3은 진실을 알려줄 것이다.

위 질문들을 받으면 남자는 진실을 말할 수밖에 없다. 남자의 거짓말 내공은 (특히 당신이 오직 여자만 할 수 있는 능숙한 방법으로 캐묻는다면) 당신의 직관에 맞설 정도로 깊지 않다. 다음은 질문의 예시이다.

질문1. 마지막 관계는 왜 깨졌나요?

그를 최고로 보이게 하는 답변 :

음, 나는 내가 할 수 있는 모든 노력을 다했어요. 열심히 일해서 그녀를 부양하려고 애썼어요. 하지만 그녀는 내 직업관을 이해하지 못하고 더 이상 견디지 못했죠.

분석 :

이런 대답은 그가 열심히 일하면서 미래를 설계하는 사람처럼 보이게 한다. 여자는 그의 답변을 들으며 속으로 '최선을 다하는 이 남자를 두고 떠날 일은 없을 거야. 그를 지지하는 데 집중해야겠어.' 하고 생각하기 쉽다.

질문2. 그녀가 당신을 더욱 지지했다면 당신은 관계를 지속했을까요?

당신이 듣고 싶은 답변 :

물론이죠. 난 헌신적인 지지를 받길 원해요. 날 이해하고, 나와 함께하길 원하고, 나에 대해 잘 아는 누군가와 같이 있고 싶어요. 난 그런 여자를 찾고 있어요. 자신의 남자를 지지해주는 사람을요.

분석 :

그는 당신이 듣고 싶은 말을 하고 있다. 즉 그가 헌신하는 남자이고, 장기적인 관계를 기대하고 있으며, 당신을 위해 기꺼이 필요한 일을 하는 사람이라고 넌지시 이야기하고 있다. 그는 이런 답변이 당신의 마음을 얻을 수 있는 달콤한 말인 것을 잘 알고 있다. 당신은 어쩌면 벌써부터 당신과 가족을 위해 일하러 가는 남자의 모습, 집으로 돌아와 당신이 잠자리에 들 때까지 듬직한 팔로 당신을 안아주는 그의 모습을 상상하고 있을지도 모른다. 물론 그는 다른 말은 전혀 하지 않았다. 그저 당신이 듣고 싶었던 말을 했을 뿐이다. 더 이상 그의 말에 속아 넘어가지 마라. 아직 드러나지 않은 진실을 알아내라.

질문3. 음, 당신이 그렇게 열심히 일하고 최선을 다하는 남자인데 관계가 왜 깨졌죠? 그녀가 "더 이상 견디지 못하겠다"고 말했을 때 무슨 일이 있었나요?

진실 :

음, 그녀는 내가 원했던 만큼 나를 지원해주지 않았어요. 마음이 헛헛해서 날 지지해줄 수 있는 누군가를 찾아다녔던 거죠.

분석 :

이제 그가 할 수 있는 유일한 답은 여자가 자신을 지지하지 않아서 관계가 깨진 게 아니라 그가 다른 여자를 만났기 때문에 깨졌다고 인정하는 것뿐이다. 물론 그가 양다리를 걸친 이유에는 미묘한 입장 차이가 있겠지만, 사실은 그가 불성실했기 때문에 다시 말해 가장 중요한 규칙을 깼기 때문에 관계가 끝난 것이다. 이제 당신은 그가 부지런히 일하는 성실한 남자이지만, 관계에서 필요한 것을 얻지 못하면 언제든 바람피울 수 있는 남자라는 것도 안다.

여자는 본능적으로 꼬치꼬치 캐묻는 경향이 있다. 떠올려 보라. 여자 친구와 각자의 데이트나 남자 친구에 대해 이야기를 나눌 때도 위에 제시한 것 이상의 질문들을 서로 주고받지 않나. 여자 친구와 대화를 나누듯 남자에게도 똑같이 하라. 이 일만큼은 로맨스 소설 같은 생각은 제쳐놓고, 두 눈을 크게 뜨고 현실적인 사고방식으로 접근하라.

아내인 마저리는 우리가 데이트를 할 때 이런 질문을 굉장히 잘했다. 나는 유명인이기 때문에 나에 대한 온갖 나쁜 말들이 떠돌고 있었다. 그녀가 할 수 있었던 일은 구글에 내 이름을 검색하는 것이 전부였고, 인터넷에 떠도는 정보들로 인해 나에 대한 모든 정보, 즉 좋은 것, 나쁜 것, 추악한 것, 그리고 거짓말까지 다 그녀의 머릿속에 있었다. 그나마 다행인 점은 마저리가 내 진짜 모습이 무엇인지 알고 있었다는 것이었다. 우리는 정식으로 데이트를 하기 전에도 20년 동안 친구로 지냈다. 그러므로 그녀는 내게 좋은 점이 있다는 걸 알고 있었다. 하지만 그녀는 우리가 진지한 관계를 맺기 위해서는 나에 대해 더 알아야 한다고 판단했다. 또 내가 그녀를 위해 뭔가를 더 해야 한다고 생각했다. 우선 그녀는 첫 번째와 두 번째 결혼에 실패한 이유를 물었다. 나에게는 이 순간을 위해 준비한 손쉬운 해명이 있었다.

"난 길거리에서 공연을 하며 전전했고, 그로 인해 집에 자주 들어가지 못했어." 나는 간단하게 말했다.

"떨어져 있는 기간이 길어지면서 사이가 멀어졌는 데도 난 가족을 위해 시간을 내지 못했지. 열심히 일하는 게 가족을 위한 거라고 생각했지만 집에 가져오는 돈도 충분하지 않았고."

내가 헌신적이었고 열심히 일했다는 사실을 마저리에게 알려줌으로써 이번 질문을 끝내려고 했던 나의 은밀한 시도는 그녀에게 통하지 않았다. 그녀는 질문을 계속했다.

"그렇다면 당신은 두 번의 결혼이 어떤 점에서 당신과 맞지 않았다고 느꼈어? 결혼 자체가 당신과 맞지 않았던 거야?"

나는 최상의 시나리오를 생각해야 했다. 그래서 내가 생각하기에 그녀가 듣고 싶어 하는 말을 했다.

"음, 난 로맨틱한 사람이고 결혼이 아주 멋진 일이라고 생각해. 난 헌신적인 관계를 원하고 가족을 원하지. 내가 두 번의 결혼에 실패했더라도 이 사실은 변하지 않아. 난 내가 가진 걸 나눌 수 있는 누군가를 진심으로 원해. 내가 가족을 보살피기 위해 해야만 하는 일을 하는 동안 날 지지해주고, 내 인생의 모든 축복을 함께 나눌 수 있는 누군가를."

나는 코미디언이 된다고 집을 떠난 후 첫 번째 결혼이 어떻게 끝났는지, 그리고 두 번째 결혼에서 나타난 몇 가지 문제들이 무엇이었는지 자세하게 그녀에게 알려줬다.

여기까지는 제법 잘해냈다고 생각했다. 마저리가 나와 함께할 생각을 굳히는 데 필요한 걸 말해줬다고 여겼다. 하지만 그녀는 거기서 멈추지 않고 더욱 많은 정보를 필요로 했다. 나를 괴롭히려는 게 아니라, 그녀가 확신을 갖기 위해서는 진심으로 정보가 더 필요했기 때문이다. 사실 그녀 역시 이미 두 번의 결혼에 실패한 후 지금은 안정적으로 삶을 꾸려나가고 있었다. 그녀는 경험을 통해 우리가 다음 관계로 가려면 무엇이 필요한지 알고 있었다. 또 누군가를 만나거나 결혼을 하는 게 자기 인생에 꼭 필요한 건 아니라고 분명하게 말하기도 했다. 그러므로 만약 누군가를 만난다면 그녀뿐만 아니라 미래의 배우자 역시 준비가 되어 있는지 확실히 알 필요가 있었다. 며칠 후 마저리는 세 번째 질문을 던졌다.

"당신이 공연을 시작했을 때 상황이 달라졌다는 건 이해하는데, 그렇다고 해서 왜 전 아내를 그냥 떠나버린 거야? 내가 이해할 수 있게 설명해줘."

나는 이미 그녀에게 내가 최고로 보이는 이야기를 했고(열심히 일했다), 두 번째 대화에서는 내가 생각하기에 그녀가 듣고 싶어 하는 이야기를 했다(나는 로맨틱한 사람으로, 이 여정을 공유할 파트너를 찾고 있다). 그런데 또 세 번째 질문에 답하라고? 이제는 더 이상 나를 돋보이게 할 화려한 카펫과 쿠션도 없고, 창문을 꾸밀 커튼도 없으며, 벽에 바를 페인트도 없었다. 나는 진실을 포장할 방법을 전부 써버렸고, 그녀가 진실을 알기 전까지 질문을 멈추지 않을 거라는 게 분명해졌기 때문에 결국 진실을 말해줄 수밖에 없었다.

사실 스물네 살의 나이에 누군가의 남편이 되는 건 나에게는 감당하기 어려운 일이었다는 진실을 털어놨다. 어쨌든 나는 관계를 유지하지 못했고, 관계에서 결점이 있었던 사람은 전 아내가 아니라 나였다. 내 탓이었다. 첫 번째 결혼에서 내가 할 수 있었던 모든 것은 아내를 보호하고 그녀에 대한 내 사랑을 공언하는 거였지만, 어떤 의미 있는 방법으로도 그녀를 부양할 수 없었다. 부양할 수 없었을 뿐만 아니라, 부양할 계획조차 세우지 않았다. 어려서부터 텔레비전에 출연하고 싶다는 꿈이 있었지만 꿈을 실현하기 위해서 그 어떤 일도 하지 않았다. 대학에서 쫓겨나고, 포드 자동차 회사에서 일할 동안 스타가 될 꿈을 꿨으나 현실적이고 확실한 방법이 없었다.

"전 아내조차 내 미래를 믿지 않았는데 내가 어찌 스타가 될 수 있다고 말할 수 있겠어." 나는 마저리에게 말했다.

"꿈을 실현할 구체적인 방법이 없었음에도 난 내 비전을 지지해주지 않았던 그녀와 주변의 다른 사람들을 원망했어. 그래서 마냥 그 상황에 안주하며 기다리고만 있을 수 없었어."

나는 계속해서 두 번째로 결혼했을 때엔 어느 정도 목표한 바를 이루고 경력도 쌓았으나, 그때부터 관계에 해를 끼치는 방식으로 일의 성과를 즐기기 시작했다는 이야기를 해나갔다. 모든 게 엉망이 된 원인을 깊이 파고들수록 나는 같은 결론에 도달했다. 내 행동이 옳지 않았으며, 결혼에 도움이 되는 방식으로

처신하지 않았다는 결론.

질문을 계속하면서 마저리는 나에 대한 진실을 확실히 알게 되었다. 성급하게 결혼을 하고 꿈을 실현할 계획을 세우지도, 뭔가를 이루기 위해 실천하지도 않았던 첫 번째 결혼이나 목표한 바를 이루고도 아내를 두고 바람을 피워 실패로 돌아간 두 번째 결혼 모두 마저리는 받아들이기 힘들었을 것이다. 하지만 그것은 사실이다. 마저리는 이 대화를 통해 그녀가 관계를 맺을 남자가 어떤 사람인지 진심으로 받아들이는 기회를 갖게 되었고, 나 또한 그녀와의 결혼이 행복해지려면 내 단점을 어떻게 고쳐야 할지 깊이 생각하게 되었다.

대화를 나눈 이후 마저리는 나를 좀 더 친밀하게 바라봤고, 내 행동을 지켜보면서 내가 전과는 달라졌다는 것을 인정했다. 나는 우리 관계가 잘되기 위해 필요한 것을 하고 있었다. 순회공연 중일 때는 기회가 날 때마다 그녀를 불렀고, 그녀는 내게 전화를 하면 내가 언제든 받는다는 걸 알고 있었다. 그녀는 옛 습관을 버리고 진정한 사랑을 준비하는 남자를 보았고, 그 모습이 마음에 들었다. 그리고 오랜 시간이 지나지 않아 그녀는 이렇게 말했다.

"당신과 함께하고 싶어. 당신이 내 남자야."

하지만 그녀는 스스로 이 모든 과정을 해내야 했다. 나에 대한 정보를 모으고 평가하고 그녀가 참을 수 있는 것은 무엇이고 또 그럴 수 없는 것은 무엇인지 판단해야 했다. 그 과정에서 그녀는 어떤 꼼수도 부리지 않았다. 단지 적절한 질문을 하고, 진실을 발견할 때까지 계속 파고들었다.

당신도 이렇게 할 수 있다. 단, 질문은 부드럽고 집요하게 해야 한다. 절대 다그치듯 해서는 안 된다. 어떤 남자도 거짓말 테스트와 군대식 취조 전술을 견디면서 기꺼이 당신 옆에 있어주지 않는다. 당신이 정말로 모든 진실을 알고 싶다면 남자에게 "난 단지 진실을 찾고 있어. 그게 무엇이든, 당신에 대한 이야기라면 진실을 알고 싶어"라고 말하라.

그는 아마 처음부터 모든 것을 말해주지는 않을 것이다. 하지만 당신이 진실을 얻기 위해 노력한다면, 그는 당신에게 기꺼이 진실을 알려줄 것이다.

남자는

이런 여자에게
반한다

당신의 우아한 곡선과 부드러운 피부, 동그란 눈매, 불룩 내민 입술보다 남자를 흔드는 것은 없다. 당신이 섹시한 하이힐을 신을 때의 매끈한 다리, 미끄러지듯이 부드럽게 공간을 가로지르는 모습, 당신 몸의 모든 부분이 아름다운 심포니처럼 움직이는 형상, 이런 것들은 남자의 시선을 사로잡는다. 이것은 매번, 무조건, 남자의 시선을 끈다.

남자는 당신이 어디서 일하는지 신경 쓰지 않는다.

남자는 당신이 얼마나 많은 돈을 버는지 관심조차 없다.

남자는 당신이 한마디 말도 제대로 구사하지 못하는 사람 이더라도 신경 쓰지 않는다. 정말이다. (물론 결혼 상대를 고르는 순간이 오면 좀 더 까다로워진다.)

남자는 여자를 처음 볼 때 그녀의 외모와 복장, 그리고 함께 산책하면서 팔짱을 끼고 걸을 때의 전체적인 모습이 어떨지 신경 쓸 뿐이다.

남자는 자신을 가꾸는 여자에게 매력을 느낀다

••• 당신의 피부는 엉망진창이고, 손톱은 다 갈라지고, 발은 마치 맨발로 지금까지 마라톤이라도 한 것 같은 상태이고, 미용실에 다녀온 지는 1년이 넘었고, 옷장은 80년대 시트콤 세트장에서 바로 옮겨온 것처럼 보인다고 하자. 당신은 어떤 상태일까? 전혀 멋지지 않다. 몇 번이라도 말해줄 수 있다. 당신은 남자에게 아니 남자뿐 아니라 모든 사람에게 이렇게 말하고 있다. '나는 하나도 특별하지 않아. 심지어 내 시간과 관심을 들일만한 가

치도 전혀 없어.' 하지만 자연스럽게 화장을 하고, 세련된 옷과 신발을 돋보이게 하는 헤어스타일을 하며 시간을 들여 자신을 가꾸는 여자는 이렇게 말하고 있다. '난 나를 정말 소중하게 생각해. 당신도 내가 스스로를 소중히 여기는 사람이라는 걸 알아야 할 거야.'

남자는 자신을 소중히 여기는 여자를 높이 평가한다. 자신을 가꾸는 여자일수록 자신의 삶에 만족하고 스스로의 가치를 중요하게 여긴다고 생각하기 때문이다.

남자는 자신이 시간과 돈을 들여 매력적인 여자로 탈바꿈시켜야 하는 여자를 원하지 않는다. 여자를 가꾸어야 하는 부담을 떠안고 싶어 하지 않는다. 때문에 스스로를 잘 돌보고 가꾸는 여자에게 매력을 느낀다.

당신이 클럽에서 몸에 딱 붙고 가슴이 파인 드레스를 입고, 짙은 화장을 하고, 꽤 높은 플랫폼 구두를 신고 있다고 치자. 당신은 상당히 뜨거운 관심을 받을 것이다. 하지만 장담하건대 당신에게 접근할 남자는 머릿속으로 이미 계산을 끝냈다. 롱아일랜드 아이스티 두 잔 + 춤 + 몇 가지 허술한 계획과 손쉬운 데이트 = 어떤 헌신도 없이 급하게 건초 위에서 뒹굴기(섹스하기). 즉 당신은 자신을 "어장관리 대상"으로 매우 빠르게 분류한 남자들을 만나게 될 것이다.

남자들은 클럽에서 야한 차림을 하고 춤을 추고 있는 여자에게 진지한 관계를 맺을 생각으로 접근하지 않는다. 남자는 그녀가 어떠한 기준이나 조건도 없고, 심지어는 스스로에 대한 존중도 없다고 여긴다. 그러니 아무런 노력이나 헌신 없이 소위 하룻밤을 즐기기 위해 그녀에게 다가선다. 대개의 남자가 그녀에게서 볼 수 있는 유일한 것은 절박함과 극도의 초라함, 그리고 머리 위에서 번쩍이는 네온사인뿐이다. 여기에는 일단 광란의 밤을 보내면 다시는 그 여성과 같이 있을 필요가 없다는 뜻이 담겨 있다.

반면 헐렁한 옷을 대충 차려입은 여자를 보면 스스로를 꾸밀 수 없고, 자신을 멋져 보이게 하는 법도 모른다고 판단한다. 그리고 자신이 남에게 어떻게 보이는지 신경 쓰지 않기 때문에 혹시라도 친구들이나 가족에게 소개할 일이 있다면 남자를 당황스럽게 할 수 있다고 생각한다. 또한 그녀가 지저분하고 끔찍한 집에서 살고 있다고 여긴다. 이 중 어떤 것도 남자를 흥분시키지 않는다. 그 어떤 것도.

남자들이 관심을 가지고 접근하는 여자는 옷을 단정하면서도 섹시하게, 즉 너무 드러나지 않으면서도 세련되게 입는 여성이다. 자신의 정보를 지나치게 공개하지 않으면서 은근히 드러내고, 옷, 헤어스타일, 화장을 적절히 활용하는 여자는 그 자체만으로도 남자들에게 이런 메시지를 보내고 있는 셈이다. '난 충분히 아름답고 존중받을 가치가 있어. 당신은 언제라도 당황하지 않고 당신의 어머니와 형제들에게 날 보여줄 수 있어.'

남자는 자신을 돋보이게 하는 여자를 좋아한다

••• 당신이 다른 사람에게 어떻게 보이는지는 남자에게 매우 중요하다. 남자는 친구들에게 그녀를 어떻게 설명할지, 비즈니스 식사에서 내 팔짱을 낀 그녀의 모습이 어떻게 보일지, 혹은 그녀를 집으로 데려간다면 가족들이 그녀를 어떻게 생각할지를 머릿속으로 여러 차례 그려본다. 당신을 처음 본 순간, 그는 먼 미래까지 생각하면서 당신을 재본다. 이를테면 당신과 공원을 거닐 때, 그의 친구들과 클럽에 가거나 식사를 할 때, 그의 상사와 동료들을 만날 때 당신이 어떤 옷을 입고 어떻게 보일지 생각

한다. 남자는 기본적으로 당신의 외모를 바탕으로 모든 것을 평가한다. 머리끝부터 발끝까지 훑어보면서 머리를 어떻게 손질했는지, 손톱을 어떻게 가꿨는지, 당신이 입은 옷이 잘 어울리는지, 그리고 몸매는 어떨지 모든 것을 파악한다. 겉으로 보이는 모습이 괜찮다면 남자는 그때부터 당신을 미래에 함께할 수도 있는 누군가로 생각하기 시작한다.

그러므로 진지하게 남자를 찾고 있다면 파티나 모임에 머리를 헝클어뜨린 채 운동복을 입고 가선 안 된다. 그렇다고 집 앞 마트에 가면서 드레스를 입고 샹들리에 모양의 귀걸이를 하고 가야 한다는 게 아니다. 완벽하지는 않더라도 당신의 매력을 어필할 수 있는 최소한의 옷차림을 하고 나가야 한다. 잊지 말라. 남자는 찰나의 순간, 어떤 여자에게 접근할지를 결정한다.

그러니까 아직 데이트 초반이라면, 가능한 한 당신의 외모에 신경을 쓴 모습을 유지하는 것이 좋다. 남자에게는 단계별로 천천히 보여줘야 한다. 실내복을 입고 머리를 질끈 묶은 채 민낯을 한 모습은 그가 당신에게 완전히 빠졌을 때 보여줘라. 그렇지 않으면 그는 성급하게 당신과의 관계를 정리해버릴지도 모른다. 만약 당신이 관계의 유통기한을 늘리고 싶다면, 최대한 긴 시간 동안 갖춰 입고 만나라(당신이 내 충고를 따른다면 최소한 99일 동안은 그렇게 할 것이다).

　만날 때마다 머리부터 발끝까지 완벽하게 꾸민 채 나타나는 여자와 데이트를 했던 친구가 있다. 친구는 지금껏 만난 여자 중 가장 외모를 잘 가꾸는 여자라고 입이 마를 정도로 자랑을 했다. 그녀는 세 번의 데이트 후, 좀 더 친밀한 1대1 데이트를 위해 자신의 집에 그를 초대했다. 그가 그녀의 집에 들어섰을 때, 그녀는 추리닝 바지를 입고 구멍 난 양말을 신고 실내화를 신은 채 문을 열어주었다. 머리는 뒤로 넘겼고 화장도 전혀 하지 않은 상태였다. 친구는 그날 데이트가 끝난 뒤 "그녀에 대한 이미지가 완전히 깨졌어. 난 아직 그녀의 민낯을 볼 준비가 안 되어 있었거든"이라고 말했다.

　"진짜 당신"을 그에게 보여주고 싶다면, 먼저 그가 당신에게 빠지게 해야 한다. 좋든 싫든 그는 추리닝 바지를 입고 구멍 난 양말을 신은 채 나타난 여자에게는 매력을 느끼지 못하기 때문이다. 때때로 당신은 남자가 당신에게 완전히 빠진다면 첫날부터 있는 그대로의 모습을 다 보여줘도 괜찮다고 확신하는 것 같다. 하지만 당신은 모든 비밀을 털어놓을 필요가 없다. 당신이 며칠 전에 미용실에서 금발로 염색했다고, 속눈썹이 진짜가 아니라고, 몸매가 드러나는 옷 안에 보정 속옷을 입었다고 말할 필요가 없다. 당신의 진짜 모습을 알려주기 전에 그가 당신과 사랑에 빠지는 것이 먼저다.

아내 마저리는 데이트를 시작하고, 약 6개월 동안 사적으로 둘만 만날 때조차 항상 모든 것을 갖춰 입었다. 이것은 내게 강한 신호를 보냈다. 유명인을 만나는 여자는 언제 어디서 스포트라이트를 받게 될지 모른다. 그런데 그녀는 언제나 스스로를 가꾸는 모습을 보여줌으로써 이런 역할을 감당할 수 있다는 것을 행동으로 보여주었다. 비단 유명인이 아니더라도 모든 남자들은 자신을 돋보이게 만들어주는 여자를 좋아하고 또 필요로 한다.

오래된 연인, 부부가 서로의 매력을
유지하기 위해 해야 할 일

··· 물론 남자는 다가오는 누군가가 좋아 보인다는 이유만으로 의미 있는 것을 놓칠 만큼 단순하지 않다. 하지만 남자가 여전히 의사결정을 내리는 단계라면, 즉 아직 당신에 대한 사랑을

공언하지도 않고, 당신을 실제로 부양한 적도 없고, 당신을 보호하려고 한 적도 없다면, 그가 도망갈 이유를 주지 마라. 이것은 당신이 통제할 수 있는 영역이다. 만약 그가 걸어와서 당신에게 말을 걸고, 데이트 신청을 하고, 그리고 또 데이트 신청을 한다면, 당신은 뭔가 제대로 하고 있는 것이다. 하지만 너무 일찍 안심해서는 안 된다.

심지어 이미 안정적인 단계에 들어선 오래된 연인이거나 부부 사이라도 조심해야 한다. 각자의 매력을 유지하기 위해 해야 할 일들이 몇 가지 있다. 물론 이것은 남자와 여자 모두에게 해당된다.

내 경우를 예로 들자면, 나는 아직도 아내를 위해 옷을 차려입는다. 심지어 일을 쉬거나 휴식 시간을 즐길 때도 면도를 하고 멋진 셔츠와 바지를 입고, 저녁 먹으러 내려가기 전에도 몸단장을 한다. 무대 위에서건 집에서건 아내에게 반듯하고 멋진 모습을 보여주고 싶기 때문이다. 이것은 모든 남자가 지녀야 할 좋은 태도이며, 특히 아내나 여자 친구에게는 더욱 중요하다. 여자도 마찬가지다. 유감이지만 남자들은 미적 자극을 좋아하고 지속적으로 원한다. 당신이 헝클어진 머리에 대학 시절부터 함께한 실내화와 추리닝을 입은 채 저녁 식사 자리에 나타나는 걸 보고 싶어 하지 않는다. 당신이 한껏 가꾸고 사무실로 출근할 때의 매력적인 모습을 집에서도 보고 싶어 한다.

이런 이야기가 불편할 수도 있다. 하지만 남자가 자신을 가꾸는 노력을 전혀 기울이지 않는, 있는 그대로의 당신을 평생 사랑할 거라는 믿음은 현실 세계에서는 가능하지 않다. 물론 남자는 당신이 직장에서도 집 안에서도 가족을 위해 최선을 다하고 있다는 걸 안다. 그럼에도 불구하고 남편을 위해 아내가 자신의 외모에 신경을 쓴다는 사실을 알게 되면, 남자는 더욱 가족과 당신에게 집중할 것이다. 그러니 가끔씩 그에게 말하라.

"자기야, 오늘 밤 예쁘게 차려입고 우리 둘이 저녁 식사를 하면 좋을 것 같아. 단지 우리 둘만을 위해서."

남자가 진심으로 당신을 사랑한다면 당신이 예전과 같은 몸매가 아니어도 신경 쓰지 않는다. 당신은 그에게 여전히 아름답다. 미적 자극이 당신에게 접근한 첫 번째 이유지만, 당신과 사랑에 빠지고 오래도록 함께하는 것은 그것만이 다가 아니다. 남자는 그저 당신이 자기 자신을 놓는 걸 바라지 않는다. 몸이 변하고 나이가 들더라도 당신이 멋지게 보이려고 노력하는 모습을 보고 싶은 것이다.

PART 3.
남자 지키기

그를
내 남자로
만들고 싶다면

섹스,
남자가 원할수록

더 지켜라

남자는 절대적으로 섹스 없이는 살 수 없다. 다시 한 번 강조하는데, 절대로 살 수 없다. 지구상에 섹스보다 남자를 기분 좋게 하는 건 없다. 골프장에서 성공한 홀인원도 아니고, 농구 경기에서 버저가 울리는 순간에 3점을 넣어 이기는 버저비터도 아니고, 심지어 마약에 빠지는 순간도 아니다. 섹스는 남자가 경험할 수 있는 것 중에서 가장 만족스럽고, 자신감을 세워주며, 세상을 다 가진 것 같은 기분을 느끼게 해준다. 그러므로 남자는 그의 몸, 영혼, 마음이 제대로 돌아가게 하기 위해 필요한 모든 수단을 동원하여 섹스를 할 것이다. 하지만 여자에게 섹스는 단지 행위에 불과하다.

남자는 섹스가 끝나는 순간 상대와의 관계가 끝나더라도 섹스를 하는 데 전혀 문제가 없다. 물론 연인의 기술이 좋을수록 섹스도 즐거워진다. 거기에 그녀가 마음속으로 생각해온 이상형만큼 아름답다면 더할 나위가 없다. 하지만 남자는 파트너를 사랑하지 않는다면 섹스는 하더라도 그녀와 감정을 공유하거나 과장해서 표현하고, 계획을 세우고, 꿈을 나누고 싶어 하지 않는다. 만약 남자가 사랑하지 않는 여자와 섹스를 한 후에도 제법 긴 대화를 주고받는다면, 이것은 단지 앞으로 성적 욕구 해소가 필요할 때 당신을 "이용할 수 있는지"를 가늠하기 위한 것이다. 냉정하지만 사실이다.

그러므로 남자는 섹스를 하면 자신에 대한 남자의 감정이 깊어질 거라는 일부 여자들의 생각에 전혀 동의하지 않는다. 당신에게 섹스를 다루는 특별한 방법이 있다는 이유만으로 그가 당신을 대하는 방식이 달라질 거라고 기대한다면, 안타깝게도 완전히 잘못 알고 있는 것이다.

그는 단지 당신이 흔쾌히 응했기 때문에 섹스를 했을 뿐이다. 진심이다. 당신이 아무리 상냥하고 매혹적이라도, 그리고 마음속으로 저 남자와 자면 둘이 저녁 식사를 하고 공원을 산책하며 길고 깊은 대화를 나누게 될 거라고 기대했더라도, 그런 일은 결코 일어나지 않는다. 그는 속으로 이렇게 생각할 것이다. '음, 지금이 화요일 밤 9시 30분이군. 최대한 빨리 움직이면 ESPN에서 하는 스포츠 하이라이트를 볼 수 있겠어. 제발 좀 빨리 가자, 아가씨!' 육체적 관계는 그가 즐겨 보는 방송 프로그램에도 못 미치는 사이가 되어버리는 경우가 많다.

진지한 관계를 원한다면, 99일의 법칙을 지켜라

••• 첫 책《내 남자 사용법》에서 진지한 관계를 원할수록 '99일의 법칙'을 적용해야 한다고 주장했다. 일종의 수습 기간으로 그가 당신에게 완전히 반했는지, 혹은 적당히 즐거운 시간을 보내다 떠나버릴지 파악할 때까지 그와의 섹스를 포기하는 것이다. 많은 여성들이 이런 조언은 듣는 것조차 거부한다. 한 여성은 라디오 진행 중에 전화해서 이렇게 말하기도 했다.

"글쎄요, 스티브. 99일이라니, 너무 멋대로 정한 거 같은데요?"

한 여성은 내 조언대로 99일의 법칙을 적용하며 남자를 만났는데, 섹스를 해주지 않아서 그가 떠나버렸다며 날 원망하기도 했다. 그러고는 다시는 이 법칙을 신경 쓰지 않을 거라고 선언했다. 그녀는 그가 원할 때 섹스를 했다면 그 남자가 영원히 자신의 곁에 있었을 거라고 생각하는 듯했다.

이미 말했지만 또 한 번 말해야겠다. 당신과 진지한 관계를 맺을만한 사람인지 알아볼 시간조차 주지 않는 남자는 당신이 찾던 남자가 아니다. 그는 당신의 기준과 조건을 충족시킬 능력이 없기 때문에 떠난 것이며, 처음부터 당신을 행복하게 하는 데 관심이 없었다. 당신에게 감정적으로 투자할 생각조차 없는 남자를 왜 당신 곁에 두려 하는가?

당신이 섹스를 어떻게 생각하는지, 어떤 남자와 섹스를 하고 싶은지, 어느 정도로 관계가 깊어지면 섹스를 할지 등을 남자와도 공유하면 어떻게 될까? 당신의 생각에 동의하지 못하는 남자는 당신을 떠날 것이고, 당신과 진지한 관계를 원하는 남자라면 당신이 말한 기준과 조건을 충족시키기 위해 무언가를 할 것이다.

하지만 당신이 섹스를 단지 심심할 때 씹는 껌 한 통처럼 대한다면 남자 역시 당신과의 관계를 무료할 때 꺼내 씹는 껌 한 통처럼 다 써버릴 것이다. 당신이 다 씹고 버린 껌 한 통처럼 소진되어 쓸모없는 존재가 되길 원하지 않는다면, 관계 초반에 너무 쉽게 섹스를 하는 건 경계해야 한다.

남자가 여자를 사랑하고 또 그녀에게 헌신하기로 마음먹는 순간, 섹스는 그에게 매우 다른 의미로 다가온다. 성욕이 왕성한 남자가 마음속으로 생각해온 이상적인 여자와 섹스를 하면 육체적, 감정적, 정신적 욕구가 동시에 작동한다. 그리고 떠올릴 수 있는 어떤 성적 경험보다 기하급수적으로 만족감이 올라가는 경험을 한다. 남자는 사랑하는 여자와 사랑을 나눌 때 결코 그것이 끝나길 원하지 않는다. 그녀의 모든 것이 지금까지 느껴보지 못했던 방식으로 그를 자극하기 때문에 그는 그녀를 계속 만지고, 냄새를 맡고, 느끼길 원한다. 사랑하는 여자와의 섹스는 살아가는 데 필요한 힘과 편안함을 주고, 힘든 시기를 이겨낼 수 있다는 자신감을 가져다준다. 그래서 남자는 실제로 자신이 느끼는 것을 여자도 느끼는지에 대해 깊은 관심을 갖는다. 또 그녀에게 기쁨을 주는 것이라면 무엇이든 하려고 한다. 그는 그녀가 행복하길 원한다.

오직 남자만이 당신을 사랑하는지 아닌지, 그리고 당신의 생각이나 가치관이 그에게도 특별한지 아닌지를 결정할 수 있다. 당신은 결정할 수 없다. 그래서 당신이 "그가 내 섹시함에 중독되면 날 떠나지 못할 거야"라고 말하는 것이 의미가 없을 뿐 아니라, 성공 가능성도 높지 않다. 부디, 내 말을 믿어달라. 당신이 원하는 방식으로 남자에게 사랑받고 대우받고 싶다면, 먼저 무엇을 원하는지 그에게 알려주고 보여줘야 한다. 단지 섹시함을 어필하고 쉽게 섹스를 해주는 것만으로는 그와 진지한 관계로 발전하기 힘들다.

헌신적인 섹스 vs. 가볍게 즐기는 섹스

··· 물론 남자가 사랑하는 여자와 헌신적인 관계를 맺는다 하더라도 언젠가는 섹스가 시들해질 수 있다. 이것은 단지 인간의 본성이다. 섹스가 조금 시들해지더라도 두 사람은 서로 편안한 사이가 될 것이다.

신혼 초에는 그렇게 넓었던 킹사이즈 침대가 아이가 태어나고 걷기 시작하면 매우 갑갑하고 좁게 느껴지기 마련이다(이러니 어떻게 로맨틱할 수 있겠는가). 공과금 내는 날은 너무 자주 돌아오고, 아이 챙기랴 일하랴 살림하랴 시간은 부족하기만 하다. 이는 당신의 성적 에너지에 나쁜 영향을 미칠 수 있다. 더 나아가 서로가 서로에게 얼마나 소중한 존재인지 잘 알고 있으면서도 보기만 해도 피곤해질 날이 올 것이다. 하지만 이 같은 모든 변화에도 불구하고, 장담하건대 유일하게 계속 남아 있을 것은 섹스에 대한 남자의 욕구이다. 다시 한 번 말하지만 그가 육체적, 정신적으로 매우 힘든 상황에 놓여 있는 게 아니라면, 남자는 정기적으로 섹스를 원할 것이다.

그렇다고 그가 매일 밤 섹스를 해야 하는 건 아니다. 이는 아무것도 가지지 않은 채 오직 다음 먹잇감만을 노리며 돌아다니는 어린 소년들에게나 해당되는 말이다. 그리고 남자들도 여자가 성병에 걸리거나 원치 않는 임신을 하는 걸 바라지 않는다. 남자는 비정하지 않다. 하지만 남자가 섹스로부터 얻는 해방감은 그의 인생에서 매우 중요하다. 이미 언급했듯 이것은 그의 배터리를 충전하고, 자아를 충족시키고, 어느 정도의 불안감과 긴장을 날려보낸다.

그러므로 남자가 침실에서 필요로 하는 관심을 정기적으로 받지 못한다면 문제가 생길 수 있다. 그 문제가 무조건 바람을 피우는 걸 의미하지는 않는다. 하지만 유혹은 어디를 가나 존재하고, 욕구가 충족되지 않은 남자는 그 유혹을 쉽게 뿌리치기 힘들 것이다.

물론 모든 남자가 이렇게 행동하는 건 아니다. 하지만 헌신적인 관계가 아닌 '뜨거운 하룻밤'을 즐기려는 남자들은 "그녀는 아무 의미가 없다"고 솔직하게 말한다. 대부분의 경우 그와 섹스를 한 그녀는 그렇지 않을 것이다. 헌신적인 관계가 아닌 가볍게 즐기는 걸 택한 남자에게 중요한 것은 남자가 갈망하는 "사냥 주도권"의 스릴을 기꺼이 안겨줄 여성, 그리고 아무런 조건 없이 그와 섹스를 할 여성이다. 그는 논쟁할 필요가 없고, 책임질 필요도 없는, 그러니까 함께 돈을 분배하고 아이를 키우고 사회적 달력을 계획하고 인생을 설계할 필요가 없는 누군가와 섹스를 하며 모든 스트레스를 날려버린다. 그녀는 그날을 위해서 차려입고, 섹스를 완전히 에로틱하게 만들며, 남자가 마음속에 간직해오던 환상을 충족시켜준다.

일단 그가 그녀와 섹스를 마치면, 그는 재충전을 한 채 사랑하는 여자가 있는 현실로 돌아갈 수 있다는 것에 만족하며 가볍게 발걸음을 옮길 것이다. 다른 여자와의 섹스는 그냥 단순히, 섹스다. 다른 여성은 이 사실을 인정하고 싶지 않을 수도 있지만 대부분의 경우, 이것은 사실이다. 그리고 내심 그녀도 그 사실을 알고 있다.

남자가 의미를 부여하지 않는다 하더라도 연인이나 배우자에게 상처를 줄 걸 알면서도 바람을 피우는 건 분명 잘못된 일이다. 그의 행위에 대해 논리적으로 대응할 수도, 합리적인 해명을 할 수도 없기 때문에 그에게는 부정행위가 들통나는 게 오히려 아름다운 끝을 맺을 기회일 수도 있다. 그러면 결국 남자는 그 어떤 것도 그의 가족을 잃을만한 가치는 없다는 사실을 깨닫고 그의 삶으로 되돌아간다. 즉 가족과 함께 인생을 설계하고, 그들을 보호하고, 그들의 꿈을 실현하며 함께 살아가는 아름다움이 그 어떤 오르가슴보다 중요하다는 것을 깨닫는다. 인생을 담보로 한 쾌락의 순간은 꽤나 높은 대가를 치러야 한다. 문제는 가장 중요한 것이 가족이라는 사실을 깨닫기 전에 실수를 하고, 그 대가를 지불해야 하는 사람들이 많다는 것이다. 참으로 애석한 일이다.

내가 말하려는 것은 당신의 남자를 집에 붙어 있게 하기 위해 그가 당신의 어깨를 툭툭 칠 때마다 팔굽혀펴기를 20번씩

시켜야 한다는 게 아니다. 여자는 당연히 남자가 충실할 것을 기대할 권리가 있다. 그가 가정과 한 여자에 충실하게 하기 위해 그를 어르고 달래는 일은 당신의 일이 아니다. 그가 원래 그런 사람이라면 당신은 그를 바꿀 수 없다. 하지만 당신은 그의 능력을 최고로 발휘하게 할 수 있다. 두 사람은 마주 보고 앉아서 어떻게 하면 일을 바로잡을 수 있는지, 어떻게 하면 두 사람이 다시 행복해질 수 있는지 함께 생각해봐야 한다.

　　남자가 편안해지면 당신의 기준과 조건을 맞추는 데 게을러질 수 있다. 아무 이유 없이 당신에게 꽃을 사 주는 걸 잊을 수 있고, 당신이 얼마나 아름답고 섹시한지 칭찬하는 것에 무관심할 수 있다. 남자들은 여자가 원하는 남자가 되려면 그녀의 욕구를 상당히 많이 충족시켜야 한다는 사실을 모른다. 또 그는 그녀가 남자 친구에게 많은 선물을 받고 전화로 "나도 사랑해, 자기"라고 정답게 속삭이는 동료의 말을 듣고 있다는 걸 알지 못한다. 그래서 그의 여자 친구, 혹은 배우자가 자신은 아무것도 받지 못한 것 때문에 화가 났다는 걸 모른다. 동료들이 그녀에게 남자 친구가 있긴 있는 거냐고 묻는다는 사실을 그는 알지 못한다. 그는 한 번도 사무실로 찾아와 그녀와 근사한 점심식사를 함께한 적도 없고, 문자를 보내 그녀를 크게 웃게 만든 적도 없으며, 그녀가 동료들에게 그에 대해 자랑할만한 걸 해준 적도 없기 때문이다. 그럼 어떻게 그에게 당신이 원하는 걸 상기시켜주느냐고? 간단하다. 말하면 된다.

남자는 정말로 단순한 생명체이며, 습관에 있어서는 거의 로봇이나 마찬가지다. 이후에도 설명할 테지만, 당신이 원하는 걸 말해준다면 남자는 그것을 할 것이다. 특히 그것을 함으로써 얻는 이익이 많다는 판단이 선다면, 당장 실행에 옮길 것이다. 만약 그와의 섹스가 만족스럽지 않았다면, 당신은 그 사실을 거리낌 없이 밝혀야 한다. 확신하건대 당신이 말해주지 않으면 그는 당신이 만족하지 않는다는 걸 모른다. 남자는 섹스에 관해서는 엄청난 자아를 갖고 있다. 섹스를 얼마나 잘하는지 못하는지와는 상관없이, 모든 남자는 당신의 황홀감이 최고의 경지에 오를 수 있도록 최선을 다한다고 생각한다.

여자는 친한 친구들에게 그동안 만났던 연인들과 나누었던 대화나 섹스에 대해 곧잘 이야기하고는 한다. 이를테면, "그가 이런 식으로 내게 키스했고, 그런 식으로 날 애무해줬는데, 완전히 날 지치게 만들었지 뭐야"라는 식으로. 하지만 남자들은? 결코 공유하지 않는다. 친구들과 이야기를 나누다 혹 잠자리에 대한 이야기가 나오고, 자신의 기술이 부족하다는 생각이 들면 스스로 위축될 뿐 아니라 친구에게도 약한 모습을 보이게 되기 때문이다. 그러므로 남자는 다른 남자에게 배우지 않는다, 절대. 당신이 알려준 뒤에야 비로소 문제를 인지할 수 있다.

남과 여, 모두에게 짜릿한
섹스의 기술

•••　남자는 시행착오를 통해 여자를 기쁘게 하는 법을 배운다. 과거 파트너와의 경험을 통해 "자료"를 머릿속에 입력한다. "내가 이렇게 했더니 상대가 몸을 떨었어. 음, 그걸 기억해야겠군." 혹은 "내가 어떤 부위를 만졌더니 그녀가 흥분했어. 음, 이것도 알아둬야겠어."처럼. 일단 파트너들이 성적으로 흥분하는 특정 부위와 떨림을 기록하고 나면, 남자는 스스로 경험이 쌓였다고 자부한다.

　과거에 그 누구도 그의 섹스가 별로라고 말하지 않았고, 당신도 아무 말을 하지 않으면 그는 자신이 잠자리에서 끝내주는 기술을 갖고 있다고 여긴다. 그러므로 당신이 남자에게 좀 더 다른 것을 원한다고 말하지 않는 한, 당신은 이미 경험했던 것들만 계속 느끼게 될 것이다.

섹스를 할 때 남자에게 바라는 것이 있다면 무엇보다 요청하는 법에 주의해야 한다. 이미 말했듯이 남자는 섹스에 관해서라면 엄청난 자신감을 갖고 있기 때문에 만약 당신이 "자기 그거 알아? 당신은 내가 좋아하는 걸 전혀 해주지 않아"라고 말한다면 그는 상처를 받을 것이다. 또 남자가 가장 두려워하고, 수세에 몰리게 하는 네 단어가 "우리 얘기 좀 해"이다. 그러므로 대화를 원만하게 이어나가려면 전략적으로, 현명하게 시작해야 한다. 이 문제를 제기할 가장 좋은 때는 실제 행위를 하고 있는 도중이다. 남자는 섹스를 할 때 그 어떤 요구도 수용한다. 만약 당신이 "자기야, 이쪽을 주로 공략해줘!"라고 한다면 그는 바로 그곳을 맡을 것이다. 또 당신이 "오, 자기가 그렇게 해주니 정말 좋아"라고 하거나 "이제 날 돌려서 왼쪽으로!"라고 한다면 그는 들은 그대로 할 것이다. 또 당신은 언제든지 그에게 전화를 하고 메시지를 보낼 수도 있다. "집에 갔을 때 자기가 야한 이야기를 해주는 게 너무 좋아. 내 귀에 대고 야한 이야기를 속삭이면서 날 만져줬으면 좋겠어"라고.

당신이 좋아하는 것을 알려주면, 그는 마땅히 당신을 행복하게 해주고 기쁘게 해주려고 노력할 것이다. 당신을 진심으로 사랑하고 헌신하기로 마음먹은 남자라면 말이다.

이제 99일의 법칙을 수행하는 것이 그가 당신과 섹스를 할 만한 가치가 있는지 파악하는 데 왜 그토록 중요한지 다시 설명하려 한다. 당신이 진심으로 헌신적인 관계를 꿈꾸고 있다면, 그는 자신이 그럴 자격이 있고 그럴 준비가 되어 있다는 걸 보여줘야 한다. 남자에게 섹스를 허락한다고 해도 헌신적인 관계를 원하지 않는 남자는 떠나게 되어 있다.

그런데 어떤 여자들은 남자가 당신에게 감정이 없다는 걸 알면서도 당신의 모든 걸 주면서 끝까지 관계를 이어나가려고 애쓴다. 왜 그런 게임을 하는가? 왜 아픔과 실망만 안겨주는 남자를 떠나지 못한 채 여전히 당신에게 다정하게 대해줄 한 사람을 기다리고 있는가? 제발 인정하라. 그는 그곳에 없다. 좋은 여자 없이 살 수 있는 남자는 없다. 대부분의 남자는 결혼을 하려고 한다. 그중 한 명이 당신과 결혼할 것이다. 진짜 남자는 당신 없이 남자로서의 운명을 이행할 수 없을 것이다. 그가 여자 없이 어떻게 아이를 가질 수 있을까? 그가 어떻게 그의 혈통을 계속 이을 수 있을까? 그는 그런 유산을 원한다.

이것이 남자가 원하는 모든 것이다. 누군가 그를 자랑스러워하고, 누군가(아이)를 자랑스럽게 여기는 것. 하지만 남자는 당신 없이 아이를 가질 수 없고, 당신 없이 가족을 꾸릴 수 없고, 당신 없이 한 집의 가장이 될 수 없으며, 당신 없이 꿈꾸는 걸 즐기지 않는다.

내 아버지는 어머니가 돌아가시고 3년 후 세상을 떠났다. 그는 암이나 뇌졸중, 심근경색 등의 특정한 병으로 돌아가신 게 아니다. 그는 어느 날 밤, 그냥 지친 기색으로 차분하게 영원히 잠들었다. 어쩌면 자신을 완성해준 아내 없는 삶을 계속 살 수 없었기에 그의 심장은 망가져버린 걸지도 모른다.

나는 내 아이들에게 지금까지 설명해온 이 같은 신념을 전했다. 특히 딸에게는 데이트하는 남자에 대해 명확한 기준과 조건을 갖고 평가할 필요가 있다고 가르쳤다. 나는 딸들에게 이렇게 말했다.

"아무나 다가와서 너희를 형편없는 방식으로 대하게 두지 마렴."

그리고 딸에게 남자와 너무 급하게 잠자리를 한다면 그에 대해 그 어떤 것도 발견할 수 없을 거라고 아주 단호하게 말했다. 자신이 최고로 대접받을 자격이 있고, 그 이하로는 만족하지 않을 것임을 분명히 해야 한다고도 조언했다. 자신과 자신의 미래를 존중하는 여자를 만난다면 남자는 그녀와의 관계를 진지하게 생각하고 대할 수밖에 없다. 결국 주도권은 당신이 갖고 있다는 뜻이다.

잊지 말라. 당신은 행복할 자격이 있다. 당신은 여왕처럼 대접받을 자격이 있다. 당신은 어디서든 존중받을 자격이 있다. 당신은 누군가에게 특별한 존재가 되는 게 어떤 느낌인지 알 자격이 있다.

그와의 관계가
더욱 단단해지는

다섯 가지 단계

① 단둘이 대화하기에 좋은 장소에 그를 초대하라. 나는 아내와 해변에서 나눈 대화를 최고로 꼽는다. 아무도 해변에서, 이를테면 나이아가라 폭포처럼 평온한 곳에서 싸우지 않는다. 해변 근처가 아니라면? 공원의 분수대에 가거나 촛불을 밝힌 욕조에 당신의 남자를 초대해도 좋다. 이런 모든 것들은 "우리 얘기 좀 해!"라며 그를 겁먹게 하거나 싸우는 도중에 대화를 시도하는 것보다 그를 편안하게 해줄 것이다.

② 칭찬을 먼저 하고 비판을 하라. 만약 당신이 그가 무엇을 잘못했는지 먼저 말하기 시작하면, 나중에 칭찬을 하더라도 그는 그 칭찬을 받아들이지 못할 것이다. 그러므로 단어를 신중하게 선택해야 한다. 그가 당신에게 커다란 기쁨을 가져다준다는 사실을 알려라. 그러면 그는 당신의 칭찬에 감사해하고, 앞으로도 칭찬을 받기 위해 노력할 것이다.

③ 의미 있는 관계를 이어가기 위해 육체적으로, 정신적으로, 감정적으로 더 나은 모습을 보고 싶다고 그에게 말하라. 그리고 그가 무엇을 원하는지도 반드시 질문하라. 완벽한 사람은 없다. 당신도 그를 위해 노력하는 모습을 보여준다면 그가 당신의 요구사항을 받아들이는 데 도움이 될 것이다.

④ 서로에게 요구하는 것이 무엇인지 확인하라. 당신은 "좋아, 난 일주일에 최소 세 번은 침대에서 속옷만 입을 용의가 있어. 그럼 자기는 애무하기 전에 촛불을 켜고 분위기 좋은 음악을 틀어줄래?" 혹은 "내가 더욱 세심하고 자발적으로 하겠다고 약속할 테니, 자기는 우리가 섹스할 때 불을 켜줘." 같은 요구사항을 구체적으로 나누어라.

⑤ 둘 사이의 약속을 즉시 행동으로 옮겨라. 이보다 둘 사이를 단단하게 하는 건 없다. 그러고 나면 당신이 그와의 관계에서 원하는 것을 얻으리라 확신한다.

잔소리 없이

원하는 것을
얻는 법

남자를 도망가고 싶게 만드는 한 가지가 있다. 바로 잔소리이다. 당신이 미스 아메리카라도, 아무리 섹시해도, 일단 잔소리를 시작하면 남자는 관심이 없어진다. 내 말을 믿어도 좋다. 남자는 잔소리가 언제 시작될지 낌새를 챈다. 당신은 걸어 다니며 여기저기를 둘러보기 시작한다. 발걸음을 옮길 때마다 점점 더 화를 낸다. 아마 쓰레기통이 가득 차 있고 냄새도 조금 풍겨왔을 것이다. 혹은 남자가 더러운 양말을 바구니가 아닌, 그 옆에 두었을 수도 있다. 아니면 싱크대에 더러운 접시들이 쌓여 있을 수도 있다. 남자는 야구 경기를 보며 애써 순간을 모면하려 하지만, 당신의 태도는 그를 절절매게 만든다.

그는 분명히 뭔가 잘못했다. 참고로, 그는 그게 무엇인지 모른다. 하지만 그 잘못이 무엇이든 이제 곧 크게 시달릴 것을 알고 있다.

"자기는 저 더러운 접시들이 싱크대에 놓여 있는 동안 그냥 앉아서 경기나 보고 있었던 거야?"

"미안해, 자기. 난 그냥 경기를 보고 있었던 것뿐이야. 내가 잠시 후에 가서 할게."

"잠시 후는 필요 없어. 지금 당장 했으면 해. 할 일이 쌓여 있는데 어떻게 안락하게 앉아서 경기를 볼 수 있어? 더러운 접시들을 싱크대에 가득 쌓아놓은 건 나보고 하라는 거야?"

이때 남자는 당신이 아주 크고, 악한 괴물로 변했다고 생각한다. 당신이 얼마나 작고, 얼마나 귀여운지는 중요하지 않다. 당신이 무엇 때문에 화가 났든 그것을 남자에게 탓하며 '나 화났어'라는 말투를 사용한다면 당신은 그 순간만큼은 200킬로그램에 180센티미터가 넘는 트롤 괴물이 된다.

당신은 더 이상 우리가 사랑에 빠진 여성, 아니 심지어 좋아하는 여성도 아니다. 솔직히, 사랑하는 마음조차 들지 않는다.

당신이 어떤 말을 하든지 간에 남자는 이렇게 받아들인다.

'그래서 당신은 내가 다른 곳으로 가서 경기를 보길 원하는 거군. 아주 좋아. 나도 그렇게 할 테니까. 공원에서 맥주를 마셔도 되고, 차에서 잠을 자도 되고, 아니면 지하실에서 자물쇠를 고쳐도 되고. 오예, 오늘 밤에는 그냥 지하실에 내려가서 문을 잠그고 평온하게 있어야겠어.'

남자를 움직이는
다섯 가지

••• 남자에게 화를 내는 것, 즉 잔소리는 정확하게 당신에게 어떤 도움을 줄까? 결론부터 말하자면 전혀 도움이 안 된다.

당신과 섹스할 때의 느낌이 아무리 좋아도, 당신의 말이 아무리 논리적이어도, 당신이 남자 옆에서 쉬지 않고 잔소리를 한다면 그는 당신의 잔소리를 무시하기 쉽다. 그는 당신의 말과 말투를 근거로 자신의 반응을 정당화할 수 있다. 당신이 크게 말하면, 그는 더욱 크게 말한다. 당신이 침묵으로 화를 표현하면, 그는 당신이 소란을 피우는 원인이 무엇이든 당신의 기분이 저절로 풀릴 때까지 당신을 무시할 수 있다. 문제가 저절로 풀리기에 적합한 상황이 될 때까지, 즉 그가 다시 말하고 싶은 기분이 들 때까지.

남자는 어떤 일에 대해 깊이 생각하고 궁리하거나 그것의 장점에 대해 논쟁하길 원하지 않는다. 즉 여자를 이해하기 위해 대화하고, 달래고, 들어주는 것은 남자의 방식이 아니다. 또한 우두커니 서서 별로 중요하지 않다고 생각하는 일로 고함치고 소리를 지르는 것도 남자의 방식이 아니다.

문제가 무엇이든 남자는 그저 문제를 해결하길 원한다. 그 이외의 것은 중요하지 않다. 여기서 여자들이 알아야 할 핵심 단어는 우선순위와 해결이다.

생각해보라. 당신에게 우선순위인 문제가 남자에게는 반드시 우선순위가 아닐 수도 있다. 당신은 부엌이 깔끔한 것을 좋아할 수 있고, 쓰레기가 차자마자 쓰레기통을 비우길 원할 수 있다. 하지만 당신의 남자가 광적으로 깔끔하고 단정한 괴짜가 아닌 이상, 그는 당신의 우선순위에는 관심이 없을 확률이 높다. 당신을 괴롭히려는 것이 아니다. 그는 그냥 별 관심이 없는 것이다. 당신이 이런 모든 것들을 얼마나 참지 못하는지 아무리 논쟁

해도 남자는 더러운 접시들, 가득 찬 쓰레기통, 바닥에 널린 더러운 옷들, 그 밖에 여자가 특별하게 생각하는 모든 것들이 신경을 거슬리게 하지 않기 때문에 그것들을 우선순위에 두지 못한다. 남자는 그러한 상황이 전혀 불편하지 않다. 그는 더러운 유리컵이나 가득 찬 쓰레기통보다 훨씬 중요하다고 생각하는 다른 일에 신경을 쓸 것이다.

당신의 남자는 바로 그 당시, 당신의 우선순위와 일치하지 않는 우선순위를 갖고 있었다. 그러므로 당신이 당신의 우선순위를 고집하며 성질을 부리는 것을 단지 건방지고 예의 없는 행동으로 받아들인다. 당신이 괴물로 변해 끊임없이 말을 늘어놓다가 논쟁을 끝낸 후 다시 그가 좋아하는 평범하고 상냥한 여자로 돌아간다면 그제야 남자는 잘못한 것, 즉 설거지를 하지 않고, 쓰레기통을 내놓지 않고, 더러운 수건을 바닥에 늘어놓은 것들을 고치려고 할 것이다.

남자에게서 원하는 걸 얻으려면 좀 더 외교적인 태도를 취할 필요가 있다. 우선 그에게 해야 할 일이나 당신이 좋아하지 않는 것을 말하기 전에 다음의 다섯 가지를 기억하라.

✦ 1. 말투를 바꿔라

남자는 당신의 아이가 아니다. 당신이 엄격하고 비난하는 말투로 마치 그가 어린아이인 것처럼 말하면, 남자는 어른처럼 싸울 태세를 취한다. 당신이 엄마 같은 말투로 그를 지적하고 다그친다면 남자에게 상처만 줄 뿐 상황은 전혀 나아지지 않을 것이다. 말투 하나로도 당신은 그를 움직일 수 있다. 만약 비난하는 말투로 따지듯 묻는다면 남자는 당신이 필요하거나 원하는 것을 주지 않을 것이다.

✦ 2. 그가 기분이 내킬 때 해야 할 일을 하게 하라

물론 당신은 지금 당장 그 일을 끝내길 바랄 것이다. 하지만 생각해보라. 그가 지금 당장 설거지를 안 한다고 태양이 빛을 잃기라도 할까? 그가 지금 당장이 아닌, 한 시간 후에 수건을 선반에 올려놓는다고 지구가 자전축을 벗어나 추락하기라도 할까? 그는 이미 당신이 무엇을 원하는지 다 알고 있다. 당신의 기대대로 당장 실천하는 게 아닐 뿐. 그러니 흥분부터 하지 말고 인내심을 갖고 조금만 기다려보자. 더러운 접시가 쌓여 있는 걸 보기 힘들다면 부엌을 벗어나 싱크대를 쳐다보지 말고, 널브러져 있는 수

건이 당신을 미치게 한다면 욕실에서 떨어져 있어라. 그는 결국 해놓을 테니.

✢ 3. 사소한 것에 힘 빼지 마라

당신이 사소한 모든 일들에 일일이 갑작스럽게 소리를 지르고 화를 낸다면, 그는 무의식적으로 당신의 말을 듣지 않을 것이다. 계속되는 짜증과 잔소리는 그가 당신에게 정말 중요한 일이 무엇인지 인지하지 못하게 만들기 때문이다. 양치기 소년과 비슷한 셈이다. 시간이 지나면 당신의 말뿐인 협박도, 고약한 성질도 진지하게 받아들이지 않는다.

✢ 4. 남자의 우선순위를 이해하라

보편적으로 대부분의 남자들에게 우선순위가 아닌 것들이 있다. 집 안 대청소하기, 냉장고에 건강식품 가득 채우기, 학부모 모임 참석하기, 아침에 침대 정리하기, 길 묻기가 대표적이다. 먹고 잘 공간이 있고 화장실에 갈 수만 있다면, 남자는 집의 방바닥이 깨끗한지 더러운지 신경 쓰지 않는다. 또 침대는 왜 정리하나? 다시 들어갈 건데. 그리고 주유소에 들러서 다른 사람에게 우리가 어디로 가는지 모른다는 사실을 인정할 일도 절대 없을 것이다.

반면 여자는 대개 그들의 주변과 다른 사람들의 필요에 적절히 대응하며 문제가 있는 순간에 무엇이 잘못되었는지 감지하는 마법 같은 능력을 지니고 있다. 당신은 모든 것을 흡수하는 것처럼 보인다. 그것들을 받아들이고 처리하며 주변 사람들을 위해 현명한 결정을 내린다. 반면 남자는 해야 할 일이 무엇인지, 다른 사람이 그것에 대해 어떻게 생각하는지 전혀 관심 없다. 남자는 상세한 내용을 차단하는 독특한 능력이 있다.

다음 상황을 생각해보라. 아이가 다쳐서 아빠에게 위로를 받으러 간다. 아이는 무엇을 얻을까? 해결책이다.

"저기로 가서 아프지 않을 때까지 앉아 있어."

그러면 아이는 다음의 말을 하는 듯한 무언의 눈빛으로 아빠를 올려다본다.

'난 포옹을 원한다고요. 아픈 곳에 뽀뽀해주고, 입으로 호호 불어주든지 뭐라도 해달란 말이에요!'

여자는 꼼꼼하고 남자는 전체를 본다. 당신을 괴롭히기 위해서가 아니다. 그냥 남자는 원래 그렇다. 그러니 당신의 우선순위가 무엇인지 알려주지 않으면 남자는 그것을 중요하게 대하지 않을 것이다. 누군가의 우선순위를 당신의 우선순위와 동시에 이룰 수 있는 가장 좋은 방법은 그에게 급한 것이 무엇인지 알려주고 솔직하게 말하는 것이다. 침대를 정리하는 것이 당신에게 우선순위라면 그에게 알려라. 물론 그는 당신의 기준에 부응하는 습관을 갖고 있지 않을지도 모른다. 그렇지만 그것이 당신에게 얼마나 중요한지 알게 된다면 대부분의 남자들은 당신 요구의 일부를 맞춰주는 데 문제가 없을 것이다.

✣ 5. 다정하고 상냥하게 부탁하라

그가 지하실에서 게임을 즐기거나 컴퓨터를 노려보고 있을 때, 당신은 침대를 정리하고 진공청소기로 바닥을 청소하면서 얼굴이 붉으락푸르락 변하고 있다. 청소를 같이하기로 했지만, 그가 당신의 시간 일정에 맞추지 않아 당신은 화가 난 상태다. 때문에 당신은 지금 침실에서 이불을 잡아채고 베개를 온 방 안에 던지고 진공청소기를 내던지면서 "그에게 이 꼴을 보여주겠어!"라며 씩씩댄다. 당신은 이 일로 무엇을 얻게 될까? 결국 모든 청소는 당신이 마무리하고, 뇌졸중을 일으킬 정도의 분노를 얻을 것이다. 그러니 인내심을 갖고 기다려라. 당신이 원할 때 일을 마무리하고 싶다면, 나가서 한숨 자고 일어나보라. 일이 다 마무리되고 문제도 해결되어 있을 것이다.

이때 서로를 위해 가장 도움이 되는 방법은 당신이 그에게 친절하게 요청하고, 왜 그 일을 지금 당장 해야 하는지 설명해주는 것이다. 나는 아내에게 원하는 게 있을 때면 전화해 다음과 같이 말한다.

"내가 집에 도착하면 당신을 데려가고 싶은 특별한 곳이 있으니 준비하고 있어."

그런데 그렇게 말하고 집에 도착해도 아내는 전혀 나갈 준비가 되어 있지 않다. 내가 전화를 걸고 몇 시간이 지났을 때이므로 그녀가 머리를 손질하고, 화장을 하고, 그에 맞는 적당한 옷과 신발을 고르는 데는 충분한 시간이 있었다. 하지만 여전히 나는 방에 앉아서 발로 박자를 맞추며 기다리고 있다. 이 순간 내가 잔소리를 한다면 목소리를 낮게 깔고 참았던 화를 전부 분출할 것이다. 하지만 나는 잘 알고 있다. 소리를 지르는 것은 그녀를 조금도 움직이게 하지 못한다는 걸. 그러므로 나는 화를 내는 대신 아내가 조금 더 서두르는 데 자극이 될만한 일을 할 것이다. 우선 레스토랑에 전화해서 예약 시간을 미룬다. 애초에 목표는 내가 정한 바로 그 시간에 저녁을 먹는 게 아니라 아내와 외식하며 그녀를 웃게 하는 것이다. 그런 다음 침실로 가서 다정하게 말할 것이다.

"자기, 아직 준비 안 됐어? 자기를 깜짝 놀라게 하려는 거야. 그러니까 얼른 와. 당신을 정말 그곳에 데려가고 싶어. 서둘러, 알겠지?"

그러면 그녀는 미소를 지은 채 환한 표정으로 계단을 내려오면서 이렇게 말할 것이다.

"자기야, 내가 너무 오래 걸렸지. 정말 미안해. 이제 준비 다 됐어."

그리고 우리는 외출해서 즐거운 시간을 보낼 수 있다.

그에게 화를 내는 대신 이러한 접근법을 활용하라. 예를 들어 당신이 몇 명의 친구들을 집으로 초대했다고 치자. 당신은 지금 집을 깨끗하게 정리하는 데 그의 도움이 필요하다. 하지만 당신의 남자는 컴퓨터만 붙잡고 있다. 이때 그가 당신을 도와주길 원한다면 들어가서 상냥하게 부탁하라.

"자기야, 친구들이 집에 오기로 했는데 자기도 알다시피 집이 지저분한 것을 보면 나를 흉볼 테니 자기가 좀 도와주면 좋겠어. 정리하고 치우는 거 도와주면 더 이상 귀찮게 하지 않겠다고 약속할게."

남자는 당연히 그렇게 하겠다고 할 것이다. 그는 이것이 얼마만큼 급한 요청인지 알고, 당신이 진심으로 도움을 필요로 한다는 걸 알고 있기 때문이다.

당신이 원하는 것을 얻기 위해서는 당신이 가진 것을 이용해야 한다. 여자들은 이것의 달인이다! 당신은 누군가로부터 무언가를 얻는 가장 좋은 방법이 친절하고 상냥하게 부탁하는 것임을 알고 있다. 또한 누군가에게 마구 퍼부으면 아무것도 얻지 못한다는 걸 아주 잘 알고 있다. 하지만 당신은 여전히 급하게, 열의를 불태우면서, 어찌됐든 원하는 것을 얻으려고 노력한다. 그리고 이 같은 시도 때문에 상황에 대한 통제력을 잃고 모든 협상 기술마저 포기하게 된다.

진정하고 심호흡을 한 후, 디자이너의 신상 가방 가게에서 좋은 것이 있는지 요청할 때처럼 그에게 당신이 원하는 것을 부탁하라. 그러면 부정적이고 가혹한 말을 할 때보다 훨씬 나은 결과를 얻을 거라고 장담한다.

칭찬과 인정은
남자를 춤추게 한다

··· 나는 편안한 가죽 의자에 앉아 조용히 나만의 시간을 보내고 있었다. 일도 없고, 떼쓰는 아이들도 없고, 사연도 없이 오직 나와 함께할 질 좋은 시가 한 대만 있는. 그렇게 나만의 시간을 보내며 거실을 지나가다가 아내가 여자 친구와 통화하는 걸 우연히 엿들었다.

"난 정말 운이 좋아. 내 남편은 항상 나한테 다정하게 해주려고 노력해. 그럴 필요도 없는데 그렇게 해줘. 그래서 난 그에게 너무 감사해. 그는 열심히 일하고, 친절하고, 사려 깊고···."

내 안의 작은 소년이 소리쳤다.

'우, 우! 잠깐! 그녀가 나에 대해 얘기하고 있어. 그녀가 좋아하니까 지금 당장 그녀를 위해 뭔가 멋진 일을 해야겠어!'

나는 사무실로 곧장 달려가 서둘러 그녀가 좋아하는 플로리스트에게 전화를 걸었다.

"오늘 오후 4시까지 집으로 아내가 가장 좋아하는 장미 한 다발을 배달해주세요."

감사를 표현하는 것만큼 남자의 자존심을 세워주는 건 없다. 남자들은 어려서부터 어머니의 칭찬과 인정에 적극적인 방식으로 반응하며 성장해왔다. "우리 아이를 봐, 정말 힘이 세"라는 말을 들으면 단지 엄마의 눈에 힘이 세 보이려고 차의 트렁크에서 쇼핑백 네 개를 더 꺼냈고, "우리 아들은 우리 집 지킴이야. 매일 밤 자러 가기 전에 아무도 들어오지 못하도록 집 안의 모든 문의 단속한다니까"라는 말을 들으면 누가 시키지 않아도 매일 밤 CIA요원들이 할법한 수준의 집 주변 탐색을 했다. 그저 어머니가 우리에게 당당해 보인다고 칭찬하면 우리는 더욱 당당하게 행동했다. 어머니의 칭찬은 스스로 가치 있는 존재라고 느끼게 해주고, 큰 기쁨을 줬기 때문이다.

누군가에게 인정받는 것은 인간의 기본적 욕구이다. 우리는 모두 누군가를 도와줄 때, 일을 잘 끝냈을 때, 특히 제대로 무언가를 해냈을 때 칭찬과 간단한 감사 인사를 바란다. 특히 남자는 살면서 자신이 한 일에 대해 감사 인사를 받은 적이 극히 드물기 때문에 누군가 "감사해요. 당신은 정말 최고예요"라고만 말해도 마치 복권에 당첨된 것 같은 기분을 느낀다. 그의 상사는 "잘했어"라고 말하며 그의 등을 토닥여주지 않는다. 상사는 단지 급여를 꼬박꼬박 챙겨줄 뿐이다. 그의 친구들 역시 축하할 일이 있을수록 더욱 무심하게 대하는 모습을 보인다. 남자는 사랑하는 여자에게조차 감사를 받는 경우가 드물다. 남자들이 가장 많이 상처를 받는 이유도 여기에 있다.

나는 누구도 여자처럼 멀티태스킹을 할 수 없다는 걸 잘 안다. 당신은 바쁘다. 대부분의 경우 당신은 일을 하면서, 자녀 양육과 집안일을 맡고 있고, 가족들의 일정까지 관리한다. 만약 남자에게 이를 맡긴다면 아이는 생일에 선물 하나 받기도 힘들 것이다. 가족 휴가도 없을 것이다. 그렇다. 당신은 기업의 경영에 필요한 방식으로 가정을 경영한다. 하지만 남편이나 다른 헌신적인 남자들은 자주 자신들이 여자 친구나 아내의 우선순위에서 밀려나 있다고 느낀다. 게다가 당신에게 피드백이라도 받는 유일한 때는 대부분 무언가를 잘못했거나 일을 하다가 게으름을 피울 때뿐이다. 그렇게 시간이 좀 지나면 남자들은 자신이 아무리 애써도, 그녀의 얼굴에 미소를 짓게 하기는 힘들다고 생각한다. 그리고 남자가 하루 종일 직장에서 시달리거나 그를 힘들게 하려고 음모를 꾸미는 이들에게 맞섰다면 그는 가족, 특히 그가 사랑하는 여자가 자신을 인정해주는 친절한 말로 사기를 북돋워주길 바란다.

남자가 여자에게 무언가를 제대로 했다는 인정을 받으면, 그들은 포트녹스(미국 켄터키주에 위치한 지역으로 연방 금괴보관

소가 있는 곳-옮긴이)의 암호를 푼 듯한 느낌을 받을 것이다. 일단 남자가 무언가 제대로 해냈다는 걸 알면 그는 단지 당신을 행복하게 하기 위해 당신이 원하는 것을 계속 제공할 것이다. 앞에서도 말했듯이 남자는 사랑을 세 가지 방식, 즉 여자에 대한 사랑을 공언하고, 그녀를 보호하고, 그녀와 그가 함께 설계한 가족을 부양하면서 표현한다. 그가 당신을 공언하고 보호하고 부양하려는 욕구는 당신이 그를 인정해줄 때 더욱 강해진다. 단순히 남자에게 감사하다고 말하는 것만으로도 당신은 그에게 지속적인 동기부여를 줄 수 있다.

작은 일에도
감사를 표현하라

••• 나는 이것을 친구 그웬을 통해 깨달았다. 그녀는 친구로부터 어린 딸의 등교 준비를 도와주는 남편 릭에 대한 이야기를 들었다. 그웬의 친구는 릭이 놀랍다고 생각했다. 자신의 남편은 아침 식사를 준비하고, 학교 교복을 다리고, 아이들의 가방을 싸고,

그들을 버스 정류장까지 데려다주는 동안 집안일이라고는 절대 도와주는 법이 없었기 때문이다. 그녀는 그웬에게 말했다.

"너희 남편은 아침에 요리를 하고, 셔츠를 다리고, 버스 정류장까지 아이들을 데려다준다고? 너희 남편이 내 남편을 비롯해 다른 남편들에게 그런 것을 좀 가르쳐주면 좋을 텐데!"

친구의 칭찬에 릭이 장난스럽게 가슴을 쫙 펴며 "봤어? 다른 남자들은 나처럼 해주지 않는다고!"라고 말하자 그녀는 "당신도 당연히 아이들을 돌봐야 되는 거잖아. 내가 저녁 식사를 차리고, 빨래를 하고, 학부모 모임에 나간다고 박수를 쳐주는 사람은 아무도 없다고. 도대체 왜 그가 아이들을 돌봐주는 책임을 이행했다는 이유로 누군가에게 박수를 받아야 되는데?"라며 맞받아 쳤다.

그녀는 핵심을 짚었다. 그녀와 남편은 아이들을 기르는 책임을 공유한다. 이것은 사실이다. 하지만 대부분의 남자에게는 아침에 요리를 하고, 옷을 다리고, 아이의 숙제를 봐주는 일이 매일 같이 해야 할 당연한 일로 여겨지지 않는 게 현실이다. 이런 일들은 '이 세상 최고의 엄마가 되는 법' 매뉴얼에는 수록되어 있을 테지만, 확신하건대 보편적인 '남자의 매뉴얼'에는 그 어디에서도 찾아볼 수 없다.

남자의 DNA에는 식탁 위의 음식, 아이들이 입을 옷, 그리고 가족들이 누울 수 있는 집을 위해 열심히 일해서 돈을 버는 것이 우리의 일이라는 생각이 장착되어 있다. 그러므로 남자가 자신에게 익숙하지 않은 일을 할 때 당신이 격려해준다면 기대 이상의 성과를 올리기 쉽다. 내 말을 믿어라.

지금 이 페이지를 넘기면서 집단으로 탄성을 지르는 소리가 들리는 것 같다. 이를 악물고 왜 매번 남자가 무언가를 잘할 때마다 칭찬해줘야 하는지 의문을 잔뜩 품고 있는 당신의 모습이 그려진다. 엔터테이너 중 한 사람으로서, 나는 박수갈채보다 감사한 일은 없다는 걸 직접 경험했기 때문에 잘 알고 있다. 내가 어느 공간에 가든, 그곳이 코미디 클럽이든, 자선 만찬이든, 혹은 가족과 일요 예배를 드리는 교회든 상관없이 누군가 나를 위해 보내는 박수는 매우 소중하다. 그것은 누군가 나에게 관심을 갖는다는 뜻이기 때문이다. 관심과 인정을 받으면, 나는 다시 박수를 받기 위해 훨씬 더 잘하려고 노력할 것이다.

마찬가지로 당신이 가끔 그에게 박수갈채를 보내고 그의 진가를 인정한다면, 당신의 남자 역시 행복하고 자랑스러운 기분이 들 것이다.

여자와 마찬가지로 남자도 감사의 가치를 과소평가하는

경향이 있다. 남자는 당신을 얻기 위해 자신을 넘어서는 도전적인 과제를 하지만(매일 두 시간씩 전화와 문자를 하고, 꽃다발을 보내고, 로맨틱한 휴가지에 당신을 데려다주면서), 당신을 얻은 후에는 점점 편해지다가(전화 대신 호텔 체크인만 하고, 특별한 날만 꽃을 사 주고, 가끔 휴가를 같이 보내면서), 곧 우리의 관계가 오직 편안함만을 바탕으로 이뤄진 것처럼 행동한다(절대 전화하지 않고, 선물을 주거나 여행 가는 일은 극히 드물고, 가정을 위한 여자의 헌신을 당연시하면서). 그리고 그가 편안한 단계에 돌입할 때까지 그녀가 가족을 위해 해주는 모든 것에 대해 아무런 칭찬도 하지 않고, 감사도 전혀 표현하지 않는다.

다시 말하면, 남자와 여자 모두 서로를 당연하게 여기는 데 능숙하다. 우리는 서로를 대신하여 매일 하는 노력을 심장이 뛰는 것처럼 당연하고 일상적인 일로 간주한다. 하지만 파트너의 눈을 바라보면서 "당신이 하는 모든 일에 감사해"라고 말할 수 있다면 연인관계, 부부관계는 눈이 부시게 달라질 것이다.

물론 당신 남편은 밤마다 아들을 재워주지 못할 수도 있지만, 대신 축구공을 어떻게 차야 오크나무를 넘겨 멀리 날아갈 수 있는지 가르쳐줬을 수도 있다. 그리고 그가 아들과 노는 동안 당신은 30분의 평온한 자유 시간을 가졌을 수도 있다. 당신 남편은 아침에 일어나서 아이들을 학교에 데려다주지 않을 수도 있지만, 틀림없이 학교 등록금을 내거나 야구유니폼과 발레 의상을 살 여분의 돈을 벌기 위해 열심히 일할 것이다. 그러니 그에게 감사하다고 말하라. 장담하건대 그는 자신이 시간을 할애했다는 것을 당신이 알아준 것에 대해 감사할 뿐만 아니라, 인정받는 기분을 또 느끼기 위해 다시 그렇게 할 가능성이 높다. 물론 매순간 감사를 표현하는 게 쉬운 일은 아니다. 하지만 관계가 지속된다면 당신도 어느 순간에는 그가 당신에게 감사하다는 표현을 해주기를 기대할 것이다. 이때 당신도 그에게 감사를 표현한다면 분명 관계에 큰 도움이 될 것이다. 어쩌면 당신은 그 대가로 뭔가를 받을 수 있을지도 모른다.

아내인 마저리는 이것을 매우 세심하게 잘한다. 예를 들어 나는 지난봄에 혼자서 주말 여행을 떠날 예정이었다. 나는 모든 계획을 완벽하게 세웠다. 토요일 오후쯤 조지아에 있는 아름다운 골프리조트에서 체크인을 하고, 오후 5시에 골프 레슨을 받은 후, 저녁 시간에 시가 몇 대를 피우며 휴식을 즐기다가, 일요일 아침에 일어나 멋진 아침 식사를 하고, 푹 쉰 뒤 오후 3시에 골프 라운드를 한 번 더 돈다. 그런 후 정신없이 바쁜 업무 일정으로 서둘러 돌아가기 전에 충분히 숙면을 취하기 위해 해가 질

때쯤 집으로 돌아오는 계획이었다. 나와 골프채, 그리고 침묵만이 존재하는 시간. 내가 이런 시간을 얼마나 사랑하는지 말한 적 있나? 당신은 상상도 못할 것이다.

내가 계획을 마무리 짓고 있을 때쯤, 마저리가 내 사무실로 와서 맞은편 의자에 앉더니 뜬금없이 이렇게 말했다.

"스티브, 당신 그거 알아? 난 당신의 자발성을 존중하고 사랑해!"

"정말? 내가 왜 자발적이라고 생각한 거지?" 나는 미소를 지으며 물었다.

"당신은 무모하지 않고, 실제로 함께 있으면 정말 즐거울 뿐 아니라 시간을 내서 인생을 즐길 줄 알거든. 난 당신이 나가서 골프를 치고, 낚시를 하며, 당신이 사랑하는 일을 하는 것이 정말 좋아. 그건 내 짝으로서 훌륭한 자질이라 생각해."

그녀가 마지막 문장을 입에서 내뱉기도 전에, 나는 온 가족이 함께 골프 여행을 가자고 요청했다. 어떻게 내가 유혹을 이겨낼 수 있었겠는가? 나조차도 보지 못했던 내 안의 무언가를 발견하고 내가 모범을 보여준 것에 대해 감사해하는 이렇게 아름다운 여성을.

계획했던 혼자만의 여행은 이렇게 가족 행사가 되어버렸

다. 하지만 여행을 가서도 그녀는 내가 개인적인 시간을 보낼 때는 끼어들지 않으려 했다. 그녀는 진심으로 내게 혼자만의 시간을 주는 것을 행복해했다. 물론 예정대로 혼자만의 시간을 보냈다면 분명히 그 시간을 즐겼겠지만, 나는 가족들과 유대를 다지며 믿기지 않을 정도로 굉장한 시간을 보냈다. 우리는 오두막을 빌려서 그동안 서로에게 일어난 일들에 대해 대화를 나누고, 화덕 옆에 옹기종기 모여앉아 (캠핑용 간식을 만들어 먹으면서) 밤새도록 함께 웃으며 놀았다. 내가 아이들과 놀고 있는 동안 마저리는 마사지를 받았고, 이후 그녀가 아이들과 시간을 보내는 동안 나는 골프장에서 나만의 티타임을 가졌다.

그 여행은 내가 가족을 공언하고 부양하고 보호하기 위해서 하고 있는 모든 것들이 그들에게 필요할 뿐만 아니라 그럴만한 가치가 있다는 것을 입증해줬다. 이런 것들은 내가 가족을 위해 더욱 열심히 일하고 싶게 만든다.

감사를 표현함으로써
당신이 얻는 것들

1. 그가 당신과 가족을 위해 숯불 바비큐를 준비한다면, 그의 그릴 다루는 기술을 칭찬하라. 그러고는 가스난로에서 구워 먹는 고기보다 그가 숯불에서 만들어준 고기 요리가 비교할 수 없을 정도로 맛있다고 말하라.

당신이 얻는 것 : 요리 솜씨를 뽐낸 걸로 칭찬을 받은 그는 앞으로 시리얼도 행복하게 요리할 것이다.

2. 그가 아이들을 씻기고 잠옷으로 갈아입히고 아이들이 잠자리에 들기 전에 책을 읽어준다면, 아이들과 함께 유대감을 쌓는 그의 모습이 너무나 이상적인 남편으로 보여서 당신을 흥분시킨다고 말하라.

당신이 얻는 것 : 그는 거의 매일 밤 아이들을 재워줄 것이다. 아이들이 잠든 뒤 당신과 둘만의 좋은 시간을 보낼 수 있다는 걸 깨닫는다면 그는 아이들을 더 빨리 재우려고 유인할 것이다.

3. 그가 둘이 함께 즐겁고 편안한 시간을 보낼 수 있도록 모든 예약을 하고 일정을 준비한다면, 정말 간절히 바랐던 둘만을 위한 시간을 계획해줘서 감사하다고 말하라.

당신이 얻는 것 : 당신이 그에게 감사를 표현하고 그의 노력을 인정함으로써 그는 둘만을 위한 더 많은 데이트를 계획할 것이다.

4. 그가 당신의 차를 고치거나 차가 아무 문제없이 달리는지 확인하기 위해 정비공과의 약속을 주선한다면, 혹은 아무 말 없이 심지어 세차를 하고 기름까지 가득 채워준다면, 이에 대해 감사를 표현하라.

당신이 얻는 것 : 운전기사, 평생의 개인 정비공, 세차 도우미, 주유소 직원.

5. 그가 다 떨어진 우유 한 통과 달걀, 그리고 시리얼을 구입하러 식료품점에 달려간다면, 당신이 빠뜨린 것을 알아차린 것에 대해 감사하다고 말하라.

당신이 얻는 것 : 그는 당신이 간청하지 않아도, 그와 당신에게 필요한 것을 알아서 챙기고 구입할 것이다.

남자와

돈 문제를
다루는 법

아버지는 이런 말씀을 하시곤 했다. 가난한 사람을 위해 할 수 있는 가장 좋은 방법은 그들처럼 되지 않는 거라고. 만약 먹을 것도, 입을 것도, 잠잘 곳도 없는 사람이 도움을 요청하는데 당신도 빈털터리라면 이 사람에게 해줄 수 있는 것은 아무것도 없다. 대부분의 남자들은 이 말을 완벽하게 이해할 것이다. 아무리 배우자와 가족을 사랑한다고 해도 사랑만으로 살 수 없는 건 명백하다. 돈이 없으면 전기세를 낼 수도 없고, 식료품을 구입할 수도 없다. 즉 사랑하는 사람에게 필요한 것을 제공하기 위해서는 돈이 필요하다. 진짜 남자라면 그가 사랑하는 여자와 아이들이 필요한 것을 누리며 살 수 있도록 어떻게든 돈을 벌 것이다.

한 남자가 자신의 인생에서 주요 부양자가 되는 것은 사랑하는 여자와 함께 설계한 가족을 위해 자신의 사랑을 보여주는 가장 핵심적인 방법 중 하나이다. 이 같은 명확한 방법으로 사랑을 보여주는 것은 남자에게 절대적으로 중요하다.

남자가 가족의 생계에 필요한 돈을 제대로 벌지 못할 때 발생할 수 있는 문제들을 상상해보라. 당신은 결혼했고, 신혼의 달콤한 기간도 끝났다고 가정해보자. 이제 당신은 인생의 가장 치열한 여정에 진입했으며, 갑자기 돈을 지불하는 문제가 점점 복잡해진다. 갖고 있는 몇 장의 신용카드는 이미 기한이 지났고, 집세를 내려고 준비한 돈은 차를 수리하는 데 써야만 했으며, 기름을 채우는 데 필요한 현금도 조금 부족하다. 특히 이러한 재정적인 문제로 인해 아이들도 같이 힘들어 한다면, 당신이 받을 스트레스는 상상을 초월하게 된다.

이런 상황에서 여자가 느끼는 감정을 과소평가하는 건 아니지만 이것이 자칫 남자의 자존심을 엉망으로 만들 수 있다는 이야기는 해주고 싶다. 당신을 몹시 사랑한다고 맹세한 남자는 이제 그가 생각하는 최고의 방법으로, 다시 말해 멋진 집과 아이들을 위한 좋은 학교, 안전하고 근사한 자동차, 종종 떠나는 휴가와 같은 방법으로 보여줄 수 없다. 만약 그가 일자리마저 잃는다면 이 같은 시나리오보다 천 배는 심각한 상황이 펼쳐진다. 일하지 않는 남자는 가족을 부양할 수 없다는 생각에 치욕스러운 감정까지 느끼게 마련이다. 만약 그가 당신의 자동차 할부금을 지불하지 못하면 당신은 버스를 타고 다녀야 한다. 만약 그가 집세를 지불하지 못하면 그의 가족은 안전하지 않을 수도 있고, 만약 그가 전기세를 내지 못하면 가족들은 겨울철에 냉기가 드는 방에서 지내야 할 것이다. 이런 모든 것들은 마치 그가 자신의 인생에서 실패한 것처럼 느끼게 한다. 여기에 일자리까지 잃는다면 그는 정체성과 위엄에 엄청난 타격을 입는다.

그다음 어떤 상황이 벌어질지는 뻔하다. 두 사람은 더욱 많은 시간을 논쟁하면서 힘든 시간을 보낼 것이다. 두 사람이 재정적인 문제를 해결하려고 노력하는 동안 그는 긴장감과 불안감이 높아진다. 그의 가족을 어떻게 부양할지 고민하고 걱정하느라 속이 뒤틀리기 때문에 심지어 섹스에 대한 생각조차 하지 않는다. 대부분 남자들은 그들이 해야 할 일과 그들에게 요구되는 일이 사라지는 순간 모든 것이 멈춘다. 나 역시 조금이라도 재정적인 압박을 느낀다면 동굴 속으로 들어가서 이 시련을 어떻게 해결할 수 있는지 알아낼 때까지 나오지 않을 것이다. 이 기간 동안 나는 말수가 훨씬 줄고, 그리 로맨틱하지도 않으며, 평소보다 가족에 대한 관심도 없고 배려도 없어질 것이다. 궁시에 몰린 나는 "내가 지금 생각이 많은데, 이것을 해결할 방법을 찾아낼 때까지 당신과 대화하기가 힘들 거야"라고 말할 것이다.

이때 "난 어떤 일이 있어도 당신을 사랑하고, 우리는 이것을 이겨낼 수 있어"라는 격려의 말을 해준다면 남자는 당신의 지지에 깊이 고마워할 것이다. 비록 이러한 격려의 말이 상황을 당장 바꾸지는 못하더라도, 경제적으로 힘든 상황에 빠진 남자에게는 이러한 지지가 필요하다.

물론 당신이 아무리 그를 이해한다고 말해도 가족을 부양해야 하는 남자가 느끼는 부담감을 줄이기는 힘들 것이다. 하지만 격려의 말 이외에도 그가 다시 일어설 방법을 찾는 동안 당신이 그의 기운을 북돋워줄 수 있는 방법이 몇 가지 더 있다.

각자의 계좌와
공동의 계좌를 만들어라

••• 몇 년 전 한 재무 설계사가 내게 대단히 중요한 조언을 해 줬다. 그는 돈을 제대로 관리해서 경제적인 안정감을 얻고 집에 있는 모든 이들이 자신이 가정에 기여하고 있다고 느낄 수 있게 하려면 모든 커플은 최소한 네 개의 은행 계좌가 있어야 한다고 했다.

하나는 두 사람이 각자 자신의 급여를 예금하는 통장이다. 이 계좌는 가정의 돈을 한꺼번에 모은 계좌로 각종 공과금과 매일 살아가는 데 필요한 필수 비용인 자동차 할부금, 전기세, 신용카드 비용, 학비, 대출금을 지불하는 데 쓰인다.

두 번째 계좌는 급하게 필요할 때 사용할 수 있는 예비비 계좌다. 첫 번째 계좌에 있는 돈의 10퍼센트나 20퍼센트, 혹은 한 달에 단지 10달러만 (두 번째 계좌로) 이체해도 상관없다. 요점은 두 사람이 그렇게 모은 자금을 비상시에 사용할 생각으로 이 계좌에 저축한다는 것이다. 나머지 두 계좌는 개인 계좌이다. 하나는 그를 위해, 하나는 당신을 위해. 이 두 계좌는 두 사람이 오로지 자신들만을 위해 남겨두기로 동의한 것이며, 지출 비용으로 쓰인다.

　네 개의 계좌는 당신의 사생활을 유지시켜줄 뿐 아니라, 두 사람이 돈을 함께 모으고 재정 상태를 제대로 관리할 수 있게 해준다. 일부 가정에서는 자동차 할부금을 아내가 책임지고 집세와 학비를 남편이 책임지기도 한다. 이렇게 하면 수입이 좋을 때뿐 아니라 좋지 않을 때도 여전히 자기가 재정을 관리하고 있다고 느끼기에 당장 큰 어려움에 직면하지 않는다.

　그가 경제적인 어려움에 직면했을 때 그에게 진심으로 힘이 되는 격려는 계좌에 얼마를 넣는지가 중요한 게 아니라, 가능한 한 현재 상황을 유지하기 위해 우리가 같이 노력하는 거라고 말해주는 것이다. 두 사람은 재정 상황에 대한 대화를 수시로 나누어야 한다. 또한 누구도 상대방의 허락 없이는 저축예금에 손을 대서는 안 된다. 상대방의 허락 없이도 자율적으로 사용할 수 있는 각자의 계좌를 갖고 있으므로 개인적으로 필요한 물건은 개인 계좌로 구입하면 된다.

　하지만 그가 재정적 어려움에도 불구하고 과소비를 하고, 할 일을 하지 않고, 실업 상태를 벗어나기 위한 노력도 하지 않는다면 당신은 곤경에 빠진 것이다. 그리고 그런 남자에게서 당신을 도울 방법은 없다. 확신하건대 남자가 해야 할 일이 있음에도 할 일을 하지 않는 건 그의 타고난 본능이다. 만약 당신이 그런 남자와 살고 있다면, 당신에게는 떠날 수 있는 권리와 힘이 있다는 것을 잊지 말기를 바란다.

　　만약 평소에도 생활비와 저축을 관리하는 법에 대해 깊은 대화를 나누고, 돈을 함께 관리하는 습관을 들인다면 경제적으로 상황이 좋지 않게 돌아갈 때도 재정 공유가 효과를 발휘할 것이다.

당신이 그와 사랑에 빠진
이유를 상기시켜라

••• 　힘든 상황이 닥쳤을 때 배우자에게 사랑한다고 말하는 것은 재정적인 상황 때문에 우울한 남자에게는 공허하게 들릴 수 있다. 하지만 당신이 그를 사랑한다는 것을 행동으로 보여주는 건 완전히 다른 이야기다. 애초에 당신이 그를 어떻게 사랑하게 되었는지 상기시키면서 예상치 못했던 사소한 일에 신경 쓰는 모습을 보여줘라. 그가 좋아하는 음식을 해주고, 그의 손을 잡고,

그에게 사랑한다는 쪽지를 보내라. 이를테면 DVD를 빌리고 팝콘을 만들어 밤에 영화를 본다. 거실 바닥에 담요를 깔고 실내 피크닉을 즐기고, 저녁 식사 후 동네 주변을 산책한다. 놀이터의 그네를 타러 간다. 공항 옆에 차를 세워놓고 비행기가 이륙하고 착륙하는 모습을 지켜본다. 교외로 드라이브를 가서 크리스마스 불빛을 구경한다. 이런 즉흥적인 데이트를 충분히 만끽하되 부정적인 일이나 문제에 대해서는 말하지 마라. 단지 시간을 내서 진심으로 교감하며, 비록 짧은 시간이라도 의미 있게 보내라.

그가 궁지에 몰려 정말로 조용하게 있고 싶을 때조차 당신 안에서 위안을 찾을 수 있게 그를 격려하라. 사랑하는 관계를 형성하는 데도 노력이 필요하지만, 역경의 시기에 사랑과 낭만을 지키는 데는 훨씬 더 많은 노력이 필요하다.

만약 자금 사정이 빠듯하다면 그에게 어떤 방식으로 말을 해도 상황이 부정적으로 돌아가기 쉽다. 시나리오 A는 이렇다. 당신은 매우 힘든 하루를 마치고 집으로 돌아왔다. 우편함은 고지서로 가득 차 있고, 집에 들어가기도 전에 전화가 울린다. 한 번만 더 납부를 하지 않으면 서비스를 중단하겠다고 알려주는 케이블 회사다. 이제 그도 지불이 늦어진 것을 알게 되었다. 그 때 당신은 전화를 끊고 씩씩거리며 말한다.

"케이블 요금 납부 기한이 됐어."

당신이 의도했는지 의도하지 않았는지는 중요하지 않다. 상대방에게 이미 당신의 태도와 말투가 특정한 방식으로 인식되었기 때문이다. 그는 이미 스스로에게 실망했으며, 당신 역시 그에게 실망했다는 걸 태도와 말투로 보여주고 있다.

당신은 요금 납부 기한이 된 것을 알고 있고, 그도 마찬가지다. 그러므로 당신이 처한 상황에서 벗어날 구체적인 대안이 없는 한 이 문제를 제기할 필요가 없다. 그렇지 않으면 당신이 불만스러운 태도로 말했든, 단순한 의견을 말했든 상관없이 그는 당신의 말 때문에 전당포에 가거나, 사채업자에게 전화를 걸거나, 아니면 해서는 안 되는 일을 하러 어디론가 갈 수도 있다.

재정 정보는
타인과 공유하지 마라

··· 두 사람 사이의 재정 정보는 두 사람만 알고 있어라. 어느 누구와도 공유하지 마라. 당신이 가진 돈이 아무리 많아도, 혹은

적어도 다른 누군가에게는 새로운 소식이기 때문이다. 여자 친구에게 당신의 남자가 실직을 해서 돈을 더 많이 벌기 위해 고액 연봉을 주는 곳으로 취직했다고 말해보라. 그다음에 무슨 일이 일어날까. 당신도 알다시피 당신의 가족, 친구, 지인, 그리고 적들이 당신을 상대로 그 정보를 사용할 준비가 되어 있을 것이다.

누군가가 복권에 당첨됐을 때 무슨 일이 일어나는지 생각해보면 쉽다. 복권 당첨자가 나오자마자 그들은 엄청 큰 사이즈의 수표와 함께 뉴스에 등장하고, 모든 사람들이 그들에게 손을 내민다. 그리고 그들이 바보 같은 일에 돈을 쓰고, 투자에 실패하고, 그들의 현금을 노리는 사람들에게 이용당해서 모든 돈을 잃는 순간 사람들은 가장 먼저 당첨자들이 얼마나 어리석은지에 대해 말한다. 그러므로 당신의 재정 상태는 다른 사람에게 공유하지 마라. 재정 정보를 바탕으로 타인이 당신을 판단하게 하지 마라.

마찬가지로 당신의 상황을 다른 커플과 비교하지 마라. 사람들은 겉모습을 화려하게 꾸미는 데 전문가다. 그들은 큰 차를 몰거나 비싼 집에 살고 있지만, 들여다보면 뭔가 잘못된 것이 있을 수도 있다. 자동차 할부금을 2개월 밀렸을 수도 있고, 담보대출 비용을 조금이라도 적게 지불하려고 애쓰고 있을 수도 있다.

그러니 그들의 재정 상황이 어떻든 신경 쓰지 말고 당신의 일에
만 신경 써라.

남자가 경제권을 쥐고 있을 때
알아야 할 것

··· 맞벌이로 일을 하지 않더라도 당신이 부부관계에서 힘을
갖고 있다는 사실을 반드시 알았으면 한다. 대부분의 남자들은
자기가 없어도 아내가 살림을 도맡아 해주고 아이들을 양육하는
것에 대해 깊이 신뢰하고 있다. 나는 내가 무대에서 공연을 할
때 제 역할을 다해줄 아내가 필요하다는 걸 잘 알고 있다.

사람들은 내가 세 명의 아이가 있는 여성과 결혼을 했고
그 아이들을 모두 내 가족으로 품은 것에 대해 끊임없이 "당신에
게 경의를 표한다"고 말하지만 그녀가 한 일 역시 그에 못지않
다. 마저리는 내가 전 부인과의 사이에서 낳은 아이들을 마지 자
신이 직접 낳은 것처럼 받아들였고, 아이들이 엇나갔을 때도 사
랑해주고 보살펴주고 꾸짖었다. 나는 내 아이들이 정서적으로,

또한 여러 방면으로 많은 보살핌과 보호를 받고 있다는 걸 알고 있다. 이것은 굉장한 일이다.

게다가 나는 전기요금 고지서가 어디 있는지, 케이블 비용이 얼마나 나왔는지, 식료품을 어디서 구입하는지 알지 못한다. 아내가 나와 가족을 위해 하는 일은 돈으로 환산할 수 없다. 그렇기 때문에 그녀가 집으로 돈을 갖고 오지 않는다는 이유로 가정에 덜 기여하는 것처럼 행동한다면 매우 불공평한 것이다.

만약 남자가 당신의 일을 당연하게 여기고 가치를 인식하지 못한다면 당신에게 전할 말이 있다. 내 친구 중 하나는 그의 아내가 하는 일을 당연하게 여기는 실수를 저질렀다. 퇴근 후 집에 돌아오면 마당과 집은 늘 가지런히 정돈되어 있었다. 흐트러진 것은 아무것도 없었고, 부엌은 항상 깨끗했고, 침대는 늘 정리되어 있었으며, 아이들은 언제나 끼니를 거르지 않고, 깔끔하게 옷을 입고, 말끔해 보였다. 하지만 그는 한 번도 아내에게 "당신이 해준 일에 감사하다"라는 말을 한 적이 없었다. 그는 마치 이런 것들이 당연한 일이라는 듯이 행동했다. 하루는 그가 집에서 친구와 전화로 나누는 대화를 아내가 엿들었다.

"오, 그녀는 정말 사는 게 즐거울 거야. 아무것도 하는 게 없거든. 그저 드라마나 보면서 소파에 누워 쉬기만 한다고. 하루 종일 아무것도 하지 않으면서 말이야."

그 뒤 어떤 일이 벌어졌을까? 다음 날 그가 집에 돌아와서 보니 마당은 엉망진창이었고 장난감은 사방에 흩어져 있었다. 자전거는 잔디 위에 쓰러져 있었으며, 먹다 남은 컵들은 계단 위에 그냥 놓여 있었다. 싱크대는 접시들로 가득 차 있고 저녁 식사를 위한 음식도 없었다. 그의 입에서 가장 먼저 튀어나온 말은, "당신 하루 종일 뭘 한 거야?"였다.

"난 오늘 아무것도 하지 않았어. 당신이 친구에게 말한 것처럼." 그녀는 대수롭지 않은 듯 말했다.

이런 상황은 2주 동안 지속되었다. 그의 아내가 하루 종일 얼마나 많은 일들을 하는지, 그리고 그 일이 얼마나 가치가 있는지 깨닫기까지는 오랜 시간이 걸리지 않았다. 그녀의 일은 비록 그와는 다른 방식일지라도 그의 일만큼이나 스트레스를 받고, 힘들며, 가치가 있다. 마침내 그들이 대화를 나누기 위해 자리에 앉았을 때 그녀는 자신의 가치를 명확히 밝혔다.

"내가 하는 일로 급여를 받진 않지만 그것이 어떤 의미가 있는지 말해줄게. 당신에게 평온함과 좋은 음식, 깨끗한 집, 예의 바른 아이들, 그리고 아무런 방해 없이 당신이 앉아서 커피를 마시고 신문을 읽는 장소를 제공하지. 만약 당신이 그런 걸 원하지 않으면 난 내 일을 완전히 그만둘 수도 있어. 난 아이들이 이 집을 부숴도 상관없거든."

그가 당신의 가치를 알게 하려면 때때로 그의 관심을 끌어야 한다. 여기에는 몇 가지 좋은 방법이 있다. 가장 쉬운 방법은 당신이 하루 동안 한 모든 일들의 목록을 만드는 것이다. 목록을 적어서 그것을 식탁 위, 그의 침실용 스탠드 위, 리모컨 옆처럼 그가 볼 수 있는 장소에 놓아라. 만약 이것이 그의 관심을 끌지 않는다면 그를 당신 앞에 앉히고 품위 있게 당신의 가치를 상기시켜라. 당신의 목록을 봤는지, 당신이 일을 열심히 하고 있다고 생각하는지 물어라. 그가 바보가 아니라면 벌떡 일어나 이렇게 말할 것이다.

"오우! 물론이지. 당신이 집에서 하는 일은 돈으로 환산할 수 없다고." 그러면 다음과 같이 말하라.

"당신도 알겠지만 난 그저 내가 가족을 위해 하는 일에 대해 감사를 받고 싶을 뿐이야. 우리는 환상적인 팀을 꾸렸으니까. 맞지?"

확신하건대 그는 당신 쪽으로 몸을 돌려 살림을 꾸리고 아이들을 잘 보살펴주는 것에 대해 감사하다고 말할 것이다.

당신은 남자가 갖고 있지 않은 특별한 기술을 갖고 있다.

당신이 그 기술을 사용할 때만 그와의 관계가 좋아질 수 있다. 당신의 의사소통 기술을 이용하라. 당신이 이 기술을 이용해 다른 사람에게서 원하는 것을 얻을 수 있다면, 가장 사랑하는 사람인 배우자에게 사용하지 않을 이유가 없다. 좋은 계획과 약간의 운이 있다면 그는 결국 다시 일어나 자존심을 회복하고, 어려운 고비를 넘기는 동안 잘 버티며 도움을 준 당신에게 감사할 것이다. 그러면 두 사람의 관계는 더욱 단단해지고 좋아질 것이다.

남자에게서

원하는 걸
얻는 법

어머니와 아버지는 64년 동안 결혼생활을 했다. 결혼생활이 오래 지속된 데는 간단한 이유가 있다. 아버지 슬릭 하비는 그가 책임자가 아니라는 걸 인식하고 그에 따라 행동했다. 그것은 어머니의 얼굴에 미소를 머금게 했고, 아버지는 그로 인해 상당히 행복했기에 결혼생활은 온전히 유지되었다. 아버지는 자신이 하고 싶은 걸 하기 위해서 어머니가 하고 싶은 걸 할 수 있는 공간을 제공하고, 그녀가 말하고 싶은 걸 말하고, 그녀가 가고 싶은 곳을 가고, 그리고 그녀가 원하는 사람이 되어야

한다는 사실을 본능적으로 알았다. 그는 능수능란하게 협상의
기술, 즉 거래의 기술을 발휘했다.

관계를 지속시키는 힘, 거래의 기술

··· 하루는 어머니가 시간을 내어 마을 건너에 새로 생긴 쇼핑
센터의 식료품점에 가고 싶다고 알렸다. 어머니의 말을 듣자마
자 아버지는 신발을 신고 코트를 걸치고 모자를 쓴 다음 차 키를
손에 쥐었다. 어머니의 성실한 운전사인 아버지는 월요일, 화요
일, 금요일, 일요일마다 그녀를 교회에 데려다주었고, 그녀가 머
리 손질이 필요할 때는 미용실에 데려다주었고, 쇼핑을 해야 할
때는 시내에 데려다주었다.

형과 나는 아버지를 이해할 수 없었다. 길만 건너면 보이는
식료품점에서도 비슷한 예산으로 충분히 장을 볼 수 있는데, 굳
이 그렇게 먼 곳까지 가서 힘들게 장을 볼 필요가 있을까? 결국
형은 어머니에게 이렇게 말했다.

"어머니, 길만 건너면 있는 가게에서도 합리적인 가격에 장을 볼 수 있어요." 나 역시 그 말에 동의하며 고개를 끄덕였다.

"난 새로 생긴 곳에서 장을 보고 싶어." 어머니는 고집을 부리며 코트를 걸치고 문 쪽으로 걸어갔다.

"잠깐만요, 마을 건너까지 차를 타고 가면 연료만 낭비하는 거라고요. 바로 길 건너의 가게에서 비슷한 돈으로 같은 식재료를 살 수 있는데 왜 거기까지 가서 시간과 연료를 낭비하죠?"

결국 아버지가 그의 말을 끊었다.

"다 끝났니?" 그는 천천히 물었다.

"그건 네 엄마가 원하는 게 아니잖니. 그녀는 새로 생긴 식료품점에 가길 원해. 그러니 이제 그만 이야기하는 게 좋겠다. 그렇지 않으면 날 대신해서 엄마를 데려다줘야 할 거다."

아버지는 어머니가 나올 때까지 문 앞에서 기다리다가 차에 타면서 이렇게 말했다.

"넌 여자에 대해 아무것도 몰라. 이건 논리적인 문제가 아니야. 그녀가 원하는 것을 주면 난 무엇을 얻게 될까? 난 주유소에 가서 피노클(2~4명이 48매의 패로 하는 카드놀이-옮긴이)을 하려고 해. 내가 그걸 하려면 오늘은 하루 종일 너희 어머니의 운전기사가 되어줘야 하는 거다. 그녀를 데려다주면 나도 오늘 밤

내가 원하는 곳에 갈 수 있거든."

이것이 바로 거래의 기술이다.

바로 그날, 나는 아버지에게서 살면서 가장 중요한 교훈 하나를 배웠다. 아내가 행복하면 인생이 행복하다는. 우리가 살아가는 모든 과정은 교환으로 이루어진다고 해도 과언이 아니다. 내가 당신에게 뭔가를 주면 당신은 내게 뭔가를 돌려준다. 우리는 어릴 때부터 거래를 해왔다.

"난 오렌지색 눈이 달린 블랙마블이 좋아." 친구는 이렇게 말하곤 했다.

"그럼 내가 갖고 있는 노란 점이 있는 그린마블로 교환해줄게. 그리고 만약 그걸 내게 주면 야구카드를 덤으로 줄게. 됐지?" 아이들 사이에서도 온갖 종류의 거래가 성사되는 현장을 쉽게 목격할 수 있다.

남자가 거래를 성사시키는 데는 기준이 있다. 즉 당신에게 뭔가를 주면 그 대가로 뭔가를 얻는다는 것이다. 이것은 직장에서 남자가 대가를 치르는 방식이고, 가족 이외의 관계에서도 부분적으로 나타나는 방식이다. 남자에게 거래가 일상이라고 해서 그들을 이기적인 집단이라고 생각하지는 마라. 나는 남편이나 아버지, 그리고 헌신적인 관계에서 남자로서의 기본적인 신조는 대가를 기대하지 않고 주는 거라고 생각한다. 존경할만한 남자라면, 거래가 아니더라도 크고 작은 방식으로 가족들을 부양하고 보호하는 게 마땅히 해야 할 일이라는 걸 본능적으로 안다. 그런 일들은 어떤 것을 얻으려는 기대 없이 이루어진다. 하지만 나는 용기를 내어 하나의 단순한 진실을 자백하려고 한다. 남자가 뭔가를 얻고 싶을 땐 하고 싶지 않은 일도 할 가능성이 높다.

당신이 남자에게 동기를 부여하기 위해 작은 일에도 감사를 표현하는 것처럼, 당신은 그와의 관계에서 거래가 오고 가는 원칙을 인식하고 이행함으로써 많은 것을 얻을 수 있다. 방법은 매우 간단하다. 당신이 그에게 뭔가를 원하면 대가로 뭔가를 제공하라. 단, 남자의 도움을 받기 위해 왜 그와 거래를 해야 하는지는 묻지 마라. 거래가 아니라 남자들이 알아서, 자발적으로 할 수는 없는지 묻지 마라. 아무리 화가 나도, 대부분의 남자에게는 그저 어쩔 수 없는 일이다. 이것은 남자들이 작동하는 방식이다. 당신이 할 일은 이러한 한계를 극복하는 방법을 찾아내고 이것을 이용하는 것이다. 그와 협상하는 방법을 이해하고 실천한다면 그는 당신에게 말로 표현할 수 없는 기쁨을 가져다줄 것이다.

그와의 거래,
어떻게 성사시킬 것인가

··· 　마저리와 나는 일곱 아이들의 부모다. 그녀에게 원래 세 명의 아이들이 있었고, 내 아이들 네 명을 더해 일곱이 되었다. 마음이 아무리 넓어도, 시간이 아무리 많아도, 일곱은 굉장히 많은 수이다. 이런 상황에서 부모, 그것도 좋은 부모가 된다는 것은 때때로 벅차다. 나 역시 아이들을 키우는 게 힘들다고 느낄 때가 있지만, 아내는 집 전체의 양육 책임자이기 때문에 훨씬 더 힘든 상황에 처해 있다. 주로 밖에서 많은 시간을 보내는 내가 아이들을 돌보는 게 벅찬 일이라고 생각할 정도니, 그녀가 어느 정도로 힘들지는 짐작조차 할 수 없다.

그나마 다행인 건 마저리는 협상의 달인이다. 그녀는 내 마음을 허물어뜨리는 데는 거의 선수다.

"자기야, 내가 쇼핑하는 동안 자기가 아이들과 시간을 보내주면 내일 골프 치러 가도 돼. 난 괜찮으니까." 그러면 어느 순간 나는 그녀의 말에 집중하고, 그녀가 원하는 것이 무엇이든 그 일을 하고 있다.

이것은 교환이다. 나는 내가 원하지 않았던 어떤 일을 하고, 그녀는 필요한 시간과 재원을 받으며, 후에 나 역시 그 대가로 보상을 받는다. 그녀는 내가 요청을 이행했는지 묻고, 결국 둘 다 만족스러워한다. 마저리는 수시로 거래의 기술을 발휘한다. 그녀가 내가 TV쇼를 보거나, 잡지를 훑어보거나, 혹은 앉아서 조용히 있을 수 있도록 서재로 사라질 시간을 준다면, 나 역시 그녀가 손톱을 다듬거나, 머리 손질을 하거나, 혹은 친구들과 술을 마실 수 있도록 그녀에게 자유 시간을 준다.

즉 우리는 원만한 결혼생활을 위해 일상생활에서 자주 거래를 시도해왔다. 당신이 원하는 것을 얻기 위해 교환을 하는 것에 서로 동의하려면, 파트너와 대화를 나누고 원하는 게 무엇인지 그에게 알려주어야 한다. 그는 당신이 필요한 걸 알지 못한다. 그러니까 당신이 오후 내내 수많은 빨래를 하고, 아이들을 돌보느라 혼자만의 시간을 갖지 못했다는 것을 그는 모른다. 그러니 그와 대화를 하고, 당신이 필요한 것을 받는 대가로 그에게 무엇을 줄 건지 말하라. 거래를 성사시키면, 그다음 당신이 노력한 성과를 즐겨라.

이것은 동료나 친구와의 관계에서도 마찬가지다. 예를 들어 당신과 친구 몇몇이 작은 모임을 주선하기로 했다고 하자. 당신의 친구는 전채요리를 더 잘하며, 당신은 음식에 어울리는 와

인을 준비하고 특별한 음료를 섞어 술을 제조하는 걸 더 잘한다. 성공적인 파티를 열기 위해 당신과 친구는 각자가 원하는 파티의 종류와 초대할 사람에 대해 이야기해야 하며, 그런 다음 모임을 성공적으로 이끌기 위해 당신이 무엇을 할지 의견을 모아야 한다. 즉 각자가 어떤 역할을 할지 거래를 성사시켜야 한다.

이처럼 우리는 아주 사소한 일까지 모두가 만족하길 바라며 거래를 한다. 그렇다면 이것을 당신의 관계에도 적용하는 게 좋지 않을까?

외교의 화신인 일부 여자들에게 거래는 식은 죽 먹기다. 하지만 살면서 관계만큼 어려운 게 없고, 거래만큼 난감한 게 없었던 여자들도 있다. 만약 그렇다면 남자가 수세에 몰리지 않는 방식으로 대화부터 시작하라. 어떤 남자도 마음이 불편하고 기분 나쁜 상태로는 당신과 거래하고 싶지 않을 것이다. 혹시 "꿀로 벌을 잡는 게 더욱 쉽다(요구하기보다 공손하고 부드럽게 얘기할 때 원하는 걸 더 얻기 쉽다는 의미-옮긴이)"라는 속담을 들어봤는가? 남자와 협상하려고 할 때 이 속담만큼 들어맞는 것은 없을 것이다.

어떤 남자도 그가 하는 것과 하지 않는 것에 대해 느닷없이 비난을 받고 싶지 않다. 비난만 받으면 그는 싸우거나 도망갈 뿐이다. 그러니 비난하기보다 그를 돕기 위해 당신이 무엇을 할 수 있을지 물어보라. 그가 당신의 남자라서 행복하고, 당신이 그의 여자라서 행복하다는 걸 알려줘라. 당신이 진실한 감정을 표현할 기회를 준다면 그는 당신이 평소 알고 싶어 했던 것들을 알려줄 것이다. 그의 기분, 그에게 당장 필요한 것, 그가 원하는 것…. 이러한 것들은 당신이 협상할 때 필요한 목록이다. 거래를 할 때는 그가 어떤 답변을 하든 받아들일 준비를 한다. 그는 아마도 자신을 위해 쓸 수 있는 더 많은 시간, 더 많은 섹스, 주말에 골프를 하러 가거나 친구들과 농구를 할 수 있는 시간 등을 원할지도 모른다. 그게 무엇이든 열린 마음으로 귀를 기울여 들어라.

그런 다음 그를 흥분시킨다. 당신은 그가 혼자만의 시간, 친구들과 보내는 시간, 당신과 침대에서 보내는 시간을 더욱 많이 갖고 싶다는 데 수긍하며, 그가 몇 가지에 동의만 해주면 그 모든 시간을 기꺼이 주겠다고 말한다. 바로 지금이 당신이 필요한 걸 알려줄 때다. 아마 당신은 육아나 집안일로 그의 도움이 더 필요할지 모른다. 어쩌면 바쁜 아침에 그가 더 많이 도와주길 바랄지도 모르고, 둘만의 시간을 더 자주 보내기를 바랄지도 모른다. 일단 그가 그의 목록을 주고, 당신이 당신의 목록을 넘기면, 두 사람의 교환은 끝난다.

당신은 어쩌면 당신이 필요한 걸 얻기 위해 값비싼 시가를 주문하거나, 고급 음료를 계속 공급해야 할지도 모른다. 당신이 해야 할 일은 거래의 기술을 연습하고, 외교적인 협상을 하는 것이다. 당신이 시작할 거래를 성사시키는 데 도움을 줄 구체적인 예시를 몇 가지 들어보겠다.

✥ 예시 하나.

대화 : 자기야, 난 자기가 아이들이 잠자기 전에 책을 읽어주고 재우면서 노래를 불러주는 일을 좋아하지 않는 걸 알아. 하루 종일 일하느라 먼 길 운전하느라 힘든 하루를 보냈는데 집에 오자마자 편한 의자에 누워 쉬는 대신 무언가를 해야 하는 건 정말 힘든 일이지. 이해해. 하지만 나도 일주일에 몇 번이라도 좋으니 저녁에 조용히 목욕을 할 수 있는 시간이 있으면 좋겠어. 아이들 등교 준비, 집안일, 식사 준비, 아이들 숙제 도와주기 등을 매일 반복하면서 쌓인 피로를 풀기 위해서 말이지.

교환 : 만약 자기가 일주일에 두 번만 아이들을 씻기고 잠옷으로

갈아입히고 책을 읽어주고 재워준다면, 나는 욕조에 물을 받고 와인 한잔을 마시며 쉴 수 있어. 그러면 자기가 일을 마치고 돌아오는 다른 날엔 내가 자기를 위해 같은 것을 해줄 수 있어. 그래야 자기가 잠자리에 들기 전에 혼자만의 조용한 시간을 즐길 수 있으니까.

거래 : 당신이 편안하게 목욕을 하며 긴장을 풀고, 자기만의 시간을 가질수록 남자는 당신과 좋은 시간을 보낼 수 있는 가능성이 높아진다.

결과 : 당신은 적어도 일주일에 이틀 이상은 아이들로부터 벗어나 휴식을 얻고, 남편 역시 자신만의 시간을 즐길 수 있다.

✛ 예시 둘.

대화 : 자기야, 우리는 친구들을 만날 때도 같이 가고, 집에서도 오랜 시간을 함께 보내잖아. 우리가 사랑하는 다른 사람들과도 돈독하게 지낸다면 더 멋지지 않을까? 멀리 떨어져 만나지 못하면 마음은 더욱 깊어진다는 말도 있잖아.

교환 : 한 달에 한 번 금요일 밤에 내가 외출할 수 있게 해주면, 난 자기가 한 달에 한 번 토요일 밤에 외출할 수 있게 해줄게. 그러면 매주 일요일에는 우리 단둘이 좋은 시간을 보낼 수 있어.

거래 : 친구들을 만나 유대감을 쌓고, 각자 자신만의 시간을 보내며 기쁨을 찾는 데 더 많은 시간을 보낼수록, 함께하는 시간이 왔을 때 더욱 끈끈해질 수 있다.

결과 : 두 사람은 단둘이 시간을 보내는 것을 더욱 즐기게 된다.

÷ 예시 셋.

대화 : 자기도 알다시피 우리는 고지서, 담보대출, 자동차 할부금, 그리고 삶을 영위하는 데 필요한 다른 것들에 너무 많은 돈을 쓰느라 지금 남은 게 아무것도 없어. 가끔은 노력한 만큼 즐기면서 살아도 멋지지 않을까?

교환 : 우리가 신용카드를 한 장만 사용하고, 회사에도 도시락을 싸 가서 먹고, 차 대신 지하철을 이용해 출퇴근하면 한 달에 3백

달러는 저축할 수 있어.

거래 : 함께 저축한 돈을 분배할 수 있다. 그중 4분의 1은 당신이 생각하는 대로 쓸 수 있고, 4분의 1은 남자가 원하는 데 쓸 수 있으며, 나머지는 두 사람을 위해 뭔가 특별한 것을 할 수 있다.

결과 : 두 사람은 각자의 계좌에 추가의 돈을 얻고, 공통의 목표를 향해 서로 협력하게 된다.

봤는가? 이것은 모두에게 이익이다. 하지만 다음 한 가지는 명심하라. 당신은 거래를 맺은 이상 그것을 어길 수 없다. 당신은 그가 원하는 것을 주지 않은 채 당신이 원하는 것만 손에 넣고 떠날 수 없다. 물론 남자들도 마찬가지다. 거래가 효력을 발휘하기 위해서는 양 당사자가 동의에 따른 역할을 다해야 하며, 반드시 책임감이 있어야 한다.

연애 시절
부럽지 않은 관계를

평생 유지하는 방법

관계 초기, 당신은 그가 당신이 생각하는 기준과 조건에 충족하는지, 그리고 당신에게 잘해주는지를 본 뒤 그와 섹스를 나누었다. 하지만 관계가 깊어질수록 그는 당신에게 잘 보이기 위해 했던 노력, 친절함, 관심 등을 서서히 줄여나갈 것이다. 당신을 사로잡는 일은 어렵지만 일단 당신을 갖게 되면 남자는 당신을 부양하고 보호하느라 바쁘기 때문에 로맨틱한 일에 신경을 덜 써도 마음이 편해진다. 그리고 침실에서 당신의 기준과 조건을 충족시키느라 열심히 땀을 흘리지 않아도 당신이 불평하지 않는다는 것을 곧 알게 된다. 그는 더 이상 당신의 발을 마사지해주지 않고, 연애할 때처럼 당신을 애무로 황홀하게 해주지도 않는다.

그렇다면 어떻게 그를 예전처럼 되돌릴 수 있을까? 답은 바로 대화에 있다. 남자는 독심술사가 아니기 때문에 당신이 원하는 것을 분명하게 말하지 않는다면 문제를 인식하지 못한다. 칭찬과 함께 대화를 시작하라. 그가 하는 일들, 즉 가족을 지키고 돈을 벌어다주며 당신과 가족을 위해 강한 남자가 되어주는 것에 감사한 마음을 전하라. 그리고 솔직하게, 그가 당신을 흥분시켰던 과거의 일들이 정말로 그립다고 전하라. 집에 도착해서 침대 위에 가득 놓인 장미꽃을 봤던 날, 그리고 갑자기 떠난 낭만적인 휴가에서 뜨거운 시간을 보냈던 때를 상기시키며 그 순간을 추억해보라. 장담하건대 그는 이 대화를 나누는 동안 당신 이야기에 귀를 기울일 것이다. 그리고 당신을 행복하게 하기 위해 무엇을 할 수 있을지 생각할 것이다.

그러면 그가 당신이 원하는 걸 해주는 대가로 당신은 그에게 무엇을 해줄 수 있는지 말하면서 거래를 마무리하라. 이제 그는 이렇게 생각할 것이다. '내가 이걸 하면, 그걸 얻게 되는군. 어디에 서명할까?' 이것은 매우 성공률이 높고 효과가 좋은 보상 시스템이다. 한 가지 주의해야 할 것이 있다. 절대 다음과 같은 말로 상황을 나쁘게 만들지 마라.

"자기는 더 이상 날 안아주지 않아. 예전처럼 날 바라보지도 않고!"

그러면 당신은 다음과 같은 말을 듣게 될 것이다.

"오, 그래? 그러는 당신은 음식을 제대로 익히지도 못하고, 20년간 끈 팬티를 입은 적도 없으며, 속옷에는 전부 보푸라기가 일어나 있잖아. 누가 그런 걸 원하겠어?"

당신이 늘 궁금해했던
질문 & 답

❤ 남자들은 첫눈에 사랑에 빠지나요?

그렇다. 남자는 첫눈에 사랑에 빠질 수 있지만 그것은 순전히 겉모습에 근거한 것이다. 하지만 그 사랑은 쉽게 없어질 수 있다. 즉 당신은 초반에는 관계에서 유리한 입장이 될 수 있지만, 관계가 지속될수록 그는 당신에게 실망하고 당신과 거리를 두려 할지도 모른다. 그는 아마도 마음 속으로 당신이 보이는 것처럼 말하지 않고, 보이는 것처럼 생각하지 않고, 보이는 것처럼 행동하지 않고, 보이는 것만큼 갖고 있지 않다고 여길 것이다. 그렇게 로맨스는 사라진다. 허위 광고나 마찬가지다. 그리고 어떤 남자들은 별다른 이유 없이 마음이 변하는데, 그것은 당신 잘못이 아니다.

♥ 남자를 만날 확률이 가장 높은 장소 열 군데는 어디인가요?

특별히 정해진 장소가 있는 게 아니다. 당신은 어디에서나 남자를 만날 수 있다. 나는 사고로 차의 뒷부분을 들이받은 남자가 그 차에 타고 있던 여자와 결혼한 경우도 봤다. 또 다른 남자는 그의 이혼 변호사와 결혼하기도 했다. 내 친구 중 한 명은 그의 첫 번째 아내와 다시 결혼했고, 또 다른 친구는 그의 아들이 데이트하던 여자와 결혼했다. 당신은 어디서든 누군가를 만나 사랑에 빠질 수 있으며, 그렇기 때문에 몇몇 장소로 제한을 두는 것은 말도 안 되는 일이다. 그래서 나는 이 책에서 당신이 누군가를 만나고 싶다면 항상 준비된 상태여야 한다고 말했다. 당신이 우연히 들른 아이스크림 가게, 빨래방, 병원, 공원, 체육관 등에서 평소 당신의 이상형에 가까운 남자를 만날 수도 있다. 어디서든, 어떤 것이든, 마음을 열고 받아들일 준비를 하라.

♥ 남자가 헤어지기 위한 핑계로 "당신 때문이 아니라 나 때문이야" 혹은 "난 아직 준비가 안 됐어"라고 말한다면, 그는 단지 어장관리를 하는 건가요?

반드시 그렇지는 않다. 때때로 남자는 솔직하게 말한다. 때때로 그는 당신이 원하는 것을 기꺼이 주려고 하지 않을 수도 있고, 혹은 단순히 줄 수 없을 수도 있다. 만약 그가 "난 당신과 맞지 않아. 당신은 더 좋은 사람을 만날 자격이 있어"라고 말한다면 그의 말을 축복으로 받아들여라. 일부 여자들은 누군가와 진지한 관계를 맺을 준비가 되지 않았다고 명확하게 말하는 남자 곁에 계속 머무르려고 애쓴다. 그에게 계속 투자하면서. 분명히 말하지만 당신 혼자 힘으로 관계를 개선할 수는 없다. 그러므로 현명하게 대처해야 한다. 그에게 감사하고, 그의 솔직함에 감사하다고 말한 후 당신의 일에 전념하라.

❤ 남자가 꾸준히 문자를 보낸다면 좋아한다는 뜻인가요?

아무 의미도 없다. 그는 똑같은 문자를 동시에 많은 여자들에게 보냈을 수 있다. 남자는 당신을 '진심으로' 좋아할 때 그 마음을 전통적인 방법, 즉 전화로, 직접적인 대화로, 데이트 신청으로 표현한다. 문자 메시지는 아니다. 당신에게 관심 있는 남자는 당신의 얼굴을 보면서, 당신의 공간에 있기를 원한다.

♥ 남자들은 친구였다가 연인이 된 여자와 낯선 사람이었다가 연인이 된 여자를 같은 방식으로 대하나요?

생각해보라. 그가 애초에 당신과 친구였던 유일한 이유는 당신과 연인 사이로 발전할 가능성이 있다고 생각했기 때문이다. 첫날부터 그가 당신을 지켜본 것이 확실하다. 그런 경우 어떤 남자도 당신을 단지 친구로만 바라보지 않는다. 그는 처음부터 당신을 원했다. 다만 당신이 아직 그를 남자로 받아들이지 않을 거라고 여겼기 때문에 우정으로 정착했다. 당신이 그를 친구 이상으로 받아들인 순간 선을 넘게 되고, 만약 둘 사이가 잘되지 않으면 모든 관계가 원점으로 돌아간다. 물론 둘 다 다시 친구로 돌아가는 것에 동의하지 않는다면 연인이었다가 친구로 돌아가는 게 쉽지는 않을 것이다.

♥ 남자들은 왜 갑자기 연락을 끊나요?

그는 관계가 끝났다고 생각한다. 당신은 관계의 종지부가 필요하지만, 남자는 그렇지 않다. 남자는 왜 관계가 잘되지 않았는지 알 필요도 없다고 생각하고, 다시 관계를 회복하려고 시도하는 것도 원하지 않는다. 당신과 함께 있을 때도 말하는 걸 좋아하지 않았는데 헤어졌다고 해서 갑

자기 미주알고주알 이야기를 할 리가 있는가. 그러므로 이제 그를 내버
려두고 잘 살아라. 그 남자와의 관계는 끝났다. 새로운 삶을 찾아라.

♥ 남자들은 왜 감정을 표현하는 걸 그토록 불편해하나요?

왜냐하면 어린 시절부터 제대로 감정을 표현하는 법을 배운 적이 없기
때문이다. 부모님, 친척, 선생님, 친구 등 모든 사람들은 남자아이에게
여자아이처럼 감정을 드러내면 안 된다고, 울음을 그치라고 가르친다.
남자는 감정을 억누르고 숨기는 게 옳다고 배웠다. 그렇게 침묵하는 법
과 감정을 억제하는 법을 배웠다. 남자는 살아오면서 감정을 표현한 적
이 없기 때문에 일단 여자와 관계를 맺으면 소통하는 기술이 부족하다.
여자는 친구들과 걸어가면서 팔짱을 끼거나, 껴안기도 하고, 대화하면
서 서로의 얼굴을 만지기도 한다. 반면 남자는 친구의 얼굴을 만지지도,
팔짱을 끼지도, 그의 뺨에 키스를 하지도 않는다. 남자는 감정을 표현하
지 않는 걸 당연하다고 생각하고, 심지어 편안하게 여긴다. 그리고 솔직
히 말해서, 나는 이러한 남자의 특성을 굳이 바꿀 필요는 없다고 생각한
다. 생각해보라. 속상한 일이 있거나, 화가 나거나, 조금 슬프다고 해서
바로 눈물부터 보이는 남자와 한 집에서 같이 산다면 어떨 거 같은가?

그가 엉엉 울기 시작하는 순간, 당신은 친구에게 전화해서 이렇게 말할 것이다. "이 남자는 걸핏하면 울어. 나보다 더 심하게 울어!" 당신은 그가 남자답기를 원하고, 남자는 가족을 책임감 있게 지켜야 한다는 사명감을 가지고 산다. 그리고 이것이야말로 당신이 그가 가지길 바라는 능력이다.

♥ 어떻게 하면 그를 좀 더 자발적으로 행동하게 할 수 있나요?

그가 자발적으로 행동할 이유를 제공하라. 매우 간단하다. 남자는 보상이 있으면 한다. 이것은 새로운 사실이 아니다. 경주에 참가할 때는 누구나 금메달을 원한다. 회사에서 승진할 때가 되면, 누구나 승진을 원한다. 보상이 따르면 그는 움직일 수밖에 없다. 당신이 대가를 약속한다면 남자는 자발적으로, 하루 종일이라도 뭔가를 할 것이다. 그리고 많은 남자들이 바라는 가장 효과적인 보상은 바로 섹스다. 그는 양말 한 상자나 속옷 한 묶음, 혹은 장미 꽃잎으로 가득 찬 욕조나 현금 서비스를 원하지 않는다. 그가 진정 원하는 것은 섹스일 확률이 높다.

❤ 남자들은 온라인 데이트를 어떻게 생각하나요?

여자와 마찬가지로, 이 또힌 님자바다 다르다. 하지만 인터넷 사용이 보편화된 만큼 온라인상에서의 만남을 부정적으로만 보거나 회피할 필요는 없다고 본다. 나는 당신이 어떤 남자를 직접 만나기 전에 온라인상에서 그 남자와 대화를 나누면 시간도 아끼고 훗날 받게 될지 모를 고통도 줄일 수 있을 거라 믿는다. 시간 소모가 큰 데이트로 시간을 낭비하기 전에 많은 정보를 얻을 수 있기 때문이다. 구글과 아이디 검색 사이트의 힘을 과소평가하지 마라. 이런 것들은 당신을 이성과 연결해주고, 당신이 그들을 만나기 전에 알아야 할 것들을 미리 알려주는 현명한 도구이다.

❤ 온라인에서 좋은 사람을 만나려면 어떻게 해야 하나요? 여기서도 같은 규칙이 적용되나요?

규칙은 동일하다. 시간을 두고 생각해야 하고, 올바른 질문을 해야 하고, 진실을 알 때까지 파헤쳐야 하고, 신중해야 한다. 가장 중요한 것은 온라인상이라 할지라도 상대가 무엇을 말하는가보다 그가 무슨 일을 하고 어떤 행동을 하는지를 더 중요하게 봐야 한다.

❤ 남자들은 장거리 연애에 대해 어떻게 생각하나요?

남자가 원한다면 가능하다. 가장 첫째로 극복할 과제는 신뢰다. 그가 정말로 말한 대로 행동하는 사람인지를 확인할 수 있는 방법은 그렇게 많지 않다. 두 사람이 해야 할 일은 당신이 계속 그와 함께할 수 있을지를 결정하고, 동시에 두 사람 모두에게 잘 맞는 기준과 규칙을 정하는 것이다. 그가 자신이 말한 것을 행동으로 옮기는 모습을 지속적으로 보여준다면, 둘 사이는 거리와 무관하게 깊은 신뢰가 쌓일 것이다.

❤ 남자들은 관계에서 받은 상처를 어떻게 극복하나요?

그럴 경우 대개 남자는 앞으로 나아간다. 나가서 다른 누군가를 찾는다. 남자는 앞으로 나아가고, 상처받고, 호되게 당하고, 깨지고, 뼈가 부러진다. 그리고 잠시 멈췄다가, 후회했다가, 남자들이 아는 가장 좋은 방법. 즉 누군가를 다시 찾고 만나면서 상처를 극복한다. 남자는 지난 관계를 극복하는 가장 좋은 방법이 새로운 누군가와 새로운 일상을 시작하는 것이라는 사실을 매우 명확하게 알고 있다. 그들은 인생은 계속된다는 걸 이해하고 있다.

❤ 남자들은 왜 거짓말을 들킨 후에도 거짓말을 계속하나요? 그것도 진실만 말하면 전부 해결될 문제를요.

왜냐하면 남자는 진실이 그를 더욱 곤경에 빠뜨리고 당신의 감정만 더 상하게 할 뿐, 아무런 도움이 되지 않을 것임을 알고 있기 때문이다. 남자는 진실을 밝히는 것이 그가 뭔가를 잘못했다고 당신이 의심의 눈초리를 보내는 것보다 더 당신을 화나게 하고, 경멸하게 하고, 분개하게 할 것이라 여긴다. 따라서 정보를 숨기는 것은 자신만의 방식으로 관계를 보호하는 것으로 이해해야 한다. 남자의 거짓말은 사실상 수습책이라 할 수 있다. 남자가 진실을 말하지 않는 이유는 그렇게 했다간 상황이 더욱 악화될 것이기 때문이다. 당신은 이미 당신이 갖고 있는 정보만으로도 화가 나 있다. 그런데 더 많은 정보를 주는 건 말도 안 되는 일이다. 어떤 남자도 그렇게 하지 않을 것이다. 그가 왜 그러는지 당신이 느끼고 싶은 대로 받아들여라. 하지만 실제로 그는 자신이 망쳐놓은 일에 대해 체면을 좀 차리려는 것이다. 당신은 아마도 그가 저지른 세 가지의 무분별한 행위를 알고 있을지 모른다. 하지만 그가 정말로 그런 일이 수십 개는 더 있다는 사실을 당신에게 밝힐 거라고 생각하는가? 결코 그렇지 않다. 그렇게 한다면 당신의 부정적인 반응만 격해질 뿐이다.

♥ 남자들은 장기간 관계를 맺은 여자와의 섹스보다 새로운 파트너와의 섹스를 선호하나요?

남자는 장기간 관계를 맺은 여자와도 새로운 섹스를 할 수 있다. 다양한 경험은 인생을 즐겁게 한다. 이 문장을 항상 마음에 두고, 짐을 꾸리고 어디든지 떠나라.

♥ 남자들은 왜 손을 잡거나 키스를 하는 등 공개적인 애정표현을 좋아하지 않나요?

전혀 사실이 아니다. 나는 가는 곳마다 아내의 손을 잡고 항상 그녀와 키스를 한다. 당신의 남자가 그것을 원치 않는다면 아마도 그는 당신의 손을 잡고 싶지 않거나, 당신과 키스하고 싶지 않은 것일 수 있다. 어쩌면 그는 당신과 만나고 있다는 것을 그 누구에게도 알리고 싶지 않을 수도 있다. 당신이 그가 공개적인 자리에서 좀 더 다정하길 바란다면 적절한 때에 그의 손을 잡고 키스하고, 당신이 필요할 때 그를 포옹해보라. 그가 당신에게 관심이 있다면 누가 지켜보든 상관없이 받은 애정을 되돌려줄 것이다.

♥ 남자가 자신의 친구들을 소개시켜준다면 정말로 나를 좋아한다는 뜻인가요?

그럴 수도 있다. 만약 그가 단 한 번도 친구들을 소개해주지 않았다면 당신을 좋아하지 않는다는 신호를 보내는 것과도 같다. 그가 당신을 자랑스럽게 여기지 않거나 당신을 만나는 걸 비밀로 하고 싶다면 그는 절대로 친구들을 소개시켜주지 않을 것이다.

♥ 남자를 행복하게 하는 건 무엇인가요?

섹스.

♥ 남자가 생각하는 좋은 여자는 누구인가요?

흠. 남자마다 다르다. 어떤 남자는 같이 일을 하며 재정적으로 기여할 수 있는 여자를 원하고, 어떤 남자는 집에서 가족을 보살피는 데만 집중할 수 있는 여자를 원하고, 어떤 남자는 아름답고 똑똑한 여자를 원한다. 하지만 그녀가 돈을 얼마나 벌든, 집안일을 얼마나 잘하든, 아니면 얼마나 섹시하든 모든 남자들이 가장 중요하게 여기는 것은 동일하다.

바로 충실하고, 자신을 지지해주며, 정기적으로 사랑을 나눌 수 있는 여자. 당신이 이 중에서 어느 하나라도 부족하다면 당신은 어떤 남자에게도 좋은 여자가 될 수 없다.

✔ 남자들이 결혼 상대를 결정할 때 가장 고려하는 것은 무엇인가요?

우선 이 말부터 해야겠다. 당신은 결코 모든 사람들의 결혼 상대가 될 수 없다. 그 압박에서 벗어나길 바란다. 당신은 오직 당신을 찾고 있는 남자의 결혼 상대가 될 것이다. 당신이 그의 조건을 충족시킨다면 당신은 결혼 상대가 된다. 하지만 남자가 당신에게 헌신할 준비가 되어 있지 않다면, 당신이 요리와 청소를 아무리 잘해도, 섹스를 아무리 잘해도, 아무리 돈을 많이 가져다줘도 그는 당신에게 청혼하지 않을 것이다. 자신이 원하는 시기에 결혼에 성공한 여자들에게는 한 가지 공통점이 있다. 바로 상대에게 자신이 결혼을 원한다는 사실을 분명히 밝혔다는 것이다. 갑작스럽게, 어쩌다 보니 결혼한 여자는 드물다.

♥ 남자들은 로맨스를 좋아하나요?

그렇다. 남자들은 로맨스를 좋아하며, 필요하다면 계속 로맨틱하려고 할 것이다. 하지만 남자에게 로맨스는 대개 뭔가로 이어지는 것을 의미한다. 유감이지만 남자는 그런 방식으로 생각한다. 때때로 남자에게 포옹은 그저 포옹일 뿐이라는 걸 기억해야 한다. 여자가 남자에게 로맨틱한 행동을 한다면 그는 항상 이렇게 생각할 것이다. '좋아, 이번엔 섹스까지 이어질 수 있겠군.' 가끔은 그것을 얻고, 가끔은 얻지 못하지만 남자는 수시로 다른 방법을 시도한다. 그리고 '그녀가 로맨틱해지는 데는 이유가 있을 거야'라고 생각한다. 이것이 옳은지 옳지 않은지와 상관없이 남자는 그렇게 생각한다. 그러니 위험을 감수하고 로맨틱해져라.

♥ 남자들은 성적으로 끌리지 않는 전 여자 친구, 혹은 전 부인과 계속 친구로 지낼 수 있나요?

남자는 그녀와 그저 친구로 지낼 수 있다. 헤어지거나 이혼하면 그 과정에서 서로에게 상처를 주기도 한다. 하지만 남자는 시간이 흘러 상처가 아물면 전 여자 친구나 전 부인과 우호적으로 지낼 수 있다. 성적으로 끌리지 않더라도. 하지만 전 부인이 아니라 전 여자 친구라면 문제가 좀 더 복잡해진다. 특히 남자가 헌신적인 관계를 맺었다면 더욱 그렇다. 이런 상황에서 나는 전 여자 친구와 친구로 지내는 걸 권하지 않는다. 잊고 싶다고 해서 기억을 지울 수 있는 사람은 없다. 때문에 친밀했던 사람과 다시 어울리는 것은 위험한 일이 될 수 있다. 친구로 지내는 사이, 당신은 그와 헤어졌던 이유를 까마득히 잊어버린 채 다시 또 연인과 친구 사이, 그 어정쩡한 관계를 지속하게 될지도 모른다. 그러므로 모두를 위해서 거리를 두는 게 더 나은 방법이라고 생각한다.

♥ 남자는 이혼한 여자와 데이트하고 싶어 하지 않나요?

그렇지 않다. 당신에게 끌리면 전혀 개의치 않을 것이다. 그가 당신을 좋아한다면, 그는 어떻게든 당신에게 접근하여 어디서 당신을 마주칠 수 있을지 알아볼 것이다.

💜 결혼 후에도 성적인 관심을 지속하려면 무엇이 필요한가요?

남자는 다양성과 자발성이 필요하다. 살아 있는 남자 중에 그것을 싫어하는 사람은 없다. 당신이 그 사실을 몰랐다면, 그가 아직 당신에게 말해주지 않았기 때문이다. 하지만 당신이 계속해서 지금처럼 한다면 그것이 당신의 애정 생활에 어떤 영향을 끼치는지 알게 될 것이다. 만약 그가 함께한 지 몇 년이 지났는데도 여전히 당신을 처음 만났을 때처럼 꽃을 가져오고, 노래를 불러주고, 달콤한 말을 해준다면 당신도 지루하지 않겠는가? 만약 그가 갑자기 당신을 위해 뭔가 색다르고 특별한 일을 해준다면 좋지 않겠는가? 남자라고 다를 건 없다. 그가 성적인 관심을 지속하기 바란다면 챙이 넓은 멕시코 모자와 하이힐, 장미를 침실 옆 탁자 위에 가볍게 올려놓고, "어디서든, 언제든지"라고 적은 종이를 옆에 놓아보라. 그것은 그의 관심을 끌 것이다. 또는 색다른 장소에서 뭔가를 시도해보라. 차고에서, 옷가게 탈의실에서도 사랑을 해보라. 단지 색다른 것을 시도하라. 그는 매번 응답할 것이다.

♥ 남자들은 결혼하면 왜 그렇게 지루해지나요?

남자가 달라졌다기보다. 당신이 연애할 때처럼 그의 행동이나 말에 크게 반응해주지 않기 때문에 그 역시 시간과 노력을 들여 재미있는 일을 할 이유가 없어졌을 수도 있다. 이때 보상 시스템을 마련하면 둘 사이에 온갖 신나는 일을 도모해볼 수 있다. 저녁에 근사한 곳에서 외식을 하고 싶은가? 그렇게 하자고 말하라. 콘서트를 보러 가거나 공원에서 오래 산책을 하고 싶은가? 그에게 말하라. 그런 다음 그를 위해서도 무언가를 해줘라.

♥ 남자에게 나이가 그토록 중요한가요?

남자는 여자가 10년 후에 어떤 모습일지, 그때도 함께 인생을 즐길 수 있을지, 그리고 그녀가 멋진 모습으로 나이들 수 있는 사람인지 알아내려고 한다. 즉 대부분의 남자에게 여자의 나이는 굉장히 중요하다. 당신이 다 큰 성인 남자라면 여자가 자신보다 얼마나 어린지 의식할 것이다. 하지만 일관성 있게 행동하는 성숙한 남자들은 자신이 키울 여자를 찾지 않는다. 그는 이미 성장한 사람을 원한다. 그렇더라도 사실상 남자가 받아들일 수 있는 나이 차이는 전적으로 그에게 달려 있다.

♥ 남자들은 남자가 진실을 말하는지 확인하기 위해 휴대전화의 위치를 추적하는 여자를 어떻게 생각하나요?

그는 당신을 질색하고 떠날 것이다.

♥ 남자가 휴식이 필요하다고 말했다면, 그 말은 영원히 헤어지자는 뜻인가요?

남자가 줄 수 있는 가장 큰 경고 신호다. 그는 당신에게 전화를 중단할 것이며, 당신이 보고 싶지 않으며, 섹스, 아니 당신과의 섹스를 하지 않겠다고 말하고 있다. 그는 당신에게 지쳤다. 한마디로 이제 여기서 끝내겠다는, 다시 말해 그의 인생을 계속 살겠다는 경고 사격이다. 그러니 당신도 자신의 인생을 계획하는 것이 현명하다.

♥ 남자도 상대가 생일이나 기념일 따위를 챙겨주지 않으면 서운해하나요?

불쾌감을 드러내지는 않겠지만 정말 중요한 순간을 상대가 잊는다면 상처받는다. 그도 당신처럼 축하받고 싶다.

♥ 남자들은 왜 그렇게 까다롭나요?

당신은 남자를 고를 때 까다롭지 않나? 남자는 그의 기준을 쉽게 바꾸지 않는다. 당신이 책임을 다하지 않는 순간, 당신이 자신이 찾는 이상형과 맞지 않음을 파악한 순간, 그는 떠난다. 그러니 당신도 당신의 기준과 타협하지 말고, 당신의 가치에 걸맞은 남자를 만나 그로부터 정확히 원하는 것을 얻어라.

그는 당신의 마지막 남자가 아니다

초판 1쇄 인쇄	2019년 10월 15일
초판 1쇄 발행	2019년 10월 22일

지은이	스티브 하비
옮긴이	송선인
펴낸이	윤석진
총괄영업	김승헌
외주 책임편집	이미아
외주 디자인	로테의 책

펴낸곳	도서출판 작은우주
주소	서울시 마포구 월드컵북로4길 77, 3층 389호
출판등록일	2014년 7월 15일(제25100-2104-000042호)
전화	070-7377-3823
팩스	0303-3445-0808
이메일	book-agit@naver.com

ISBN	979-11-87310-31-0 03320

• 북아지트는 작은우주의 성인단행본 브랜드입니다